골목식당을 가기 위한

일본어

| 히라가나
+
카타가나 | 음식
이름 | 메뉴판
정복 | 기초
회화 |

OLD STAIRS

Intro

히라가나
가타카나
50음도

004

1

히라가나
가타카나
메뉴판 읽기

010

2

음식 이름으로
외우자,
히라가나
가타카나

024

3

좋은 식당
찾아가기

060

4

일본어의 생김새
&
숫자 읽기

094

5

음식 단어
맛보기

106

6

진짜 골목식당
메뉴판 읽기

122

7

단어 쓰기
노트

162

Intro

히라가나
가타카나
50음도

あ 아	い 이	う 우	え 에	お 오
아하~!	이빨	우산	에어로빅	오리
か 카	き 키	く 쿠	け 케	こ 코
카메라	키	쿠크다스	케이크	코브라
さ 사	し 시	す 스	せ 세	そ 소
사케	시계	스프링	세계	소바
た 타	ち 치	つ 츠	て 테	と 토
타	치어리더	부츠	테이블	토끼
な 나	に 니	ぬ 누	ね 네	の 노
나무	주머니	누들	네꼬	노!

は 하	ひ 히	ふ 후	へ 헤	ほ 호
하품	히히	후~	헤헤	호랑이

ま 마	み 미	む 무	め 메	も 모
마라톤	미끼	무술	음메~	모발

や 야		ゆ 유		よ 요
야구		유도		요가

ら 라	り 리	る 루	れ 레	ろ 로
라마	리본	루비	레코드	로스트

わ 와			を 오	ん 응
와악			오르막	응가

ア 아	イ 이	ウ 우	エ 에	オ 오
아이스크림	이젤	우롱차	엘리베이터	오른발
カ 카	キ 키	ク 쿠	ケ 케	コ 코
카펫	키타	쿠크다스	케이	코드
サ 사	シ 시	ス 스	セ 세	ソ 소
사슴	시-익	스케이팅	세면대	소시지
タ 타	チ 치	ツ 츠	テ 테	ト 토
타잔	꼬치	부츠	테이블	토막
ナ 나	ニ 니	ヌ 누	ネ 네	ノ 노
날다	니트	누더기	넥타이	노

ハ 하	ヒ 히	フ 후	ヘ 헤	ホ 호
하이파이브!	히터	후드	헤헤	호박
マ 마	ミ 미	ム 무	メ 메	モ 모
마커	말미잘	무리수	메리 크리스마스	모발
ヤ 야		ユ 유		ヨ 요
야쿠르트		유리		요정
ラ 라	リ 리	ル 루	レ 레	ロ 로
라이터	리본	캥거루	레몬	로봇
ワ 와			ヲ 오	ン 응
와인			오리	응

I

히라가나
가타카나
메뉴판 읽기

メニュー

◇◇◇◇◇◇◇◇◇◇◇◇◇◇◇◇◇◇◇◇◇◇◇◇◇◇◇

どんぶり・べんとう・うどん

◇◇◇◇◇◇◇◇◇◇◇◇◇◇◇◇◇◇◇◇◇◇◇◇◇◇◇

どんぶり 덮밥

1 ぎゅうどん
소고기덮밥
¥800

2 ウナギどん
장어 덮밥
¥1000

3 カツどん
돈가스 덮밥
¥750

4 てんどん
튀김 덮밥
¥900

5 うにどん
성게 덮밥
¥2000

6 かいせんどん
해산물 덮밥
¥1700

7 イクラどん
연어 알 덮밥
¥1800

8 ねぎとろどん
네기도로 덮밥
¥1500

9 サーモンどん
연어 덮밥
¥1000

---

1 규우 | 동 소 | 덮밥   　　　　 **2 우나기** | 동 장어 | 덮밥   　　　　 **3 카츠** | 동 돈가스 | 덮밥

4 텐 | 동 튀김 | 덮밥   　　　　 **5 우니** | 동 성게 | 덮밥   　　　　 **6 카이센** | 동 해산물 | 덮밥

7 이쿠라 | 동 연어 알 | 덮밥   　　　　 **8 네기토로** * | 동 네기도로 | 덮밥   　　　　 **9 사-몬** | 동 연어 | 덮밥

* 네기토로는 참치의 배나 껍질의 밑에 있는 살을 긁은 부분입니다. 덮밥이나 초밥의 재료로 쓰입니다.

べんとう 도시락

10 さしみべんとう

생선회 도시락

￥1000

11 すしべんとう

초밥 도시락

￥1000

12 ウナギべんとう

장어 도시락

￥900

13 さばべんとう

고등어 도시락

￥800

うどん 우동

14 きつねうどん

유부 우동

￥650

15 まぜうどん

비빔 우동

￥700

16 カレーうどん

카레 우동

￥700

17 てんぷらうどん

튀김 우동

￥750

18 からいうどん

매운 우동

￥700

19 ちからもちうどん

떡 우동

￥700

---

10 사시미 | 벤토오 생선회 | 도시락	**11 스시 | 벤토오** 초밥 | 도시락	**12 우나기 | 벤토오** 장어 | 도시락
13 사바 | 벤토오 고등어 | 도시락	**14 키츠네 | 우동** 유부 | 우동	**15 마제 | 우동** 비빔 | 우동
16 카레- | 우동 카레 | 우동	**17 템푸라 | 우동** 튀김 | 우동	**18 카라이 | 우동** 맵다 | 우동
19 치카라* | 모치* | 우동 힘 | 떡 | 우동		

＊ 치카라모치는 '먹으면 힘이 나는 떡'이라는 뜻으로, '치카라'는 '힘', '모치'는 '떡'이라는 의미입니다.

SUSHI MENU

1 サーモン

연어

200円

2 ひらめ

광어

200円

3 サーモンハラス

연어 뱃살

400円

4 すずき

농어

200円

5 えび

새우

200円

6 たい

도미

300円

7 たこ

문어

200円

8 まぐろ

참치

400円

9 くろだい

감성돔

400円

---

1 사-몽 연어   2 히라메 광어   3 사-몬 | 하라스 연어 | 뱃살

4 스즈키 농어   5 에비 새우   6 타이 도미

7 타코 문어   8 마구로 참치   9 쿠로다이 감성돔

⑩ たまご
계란

200円

⑪ あなご
붕장어

200円

⑫ いくら
ぐんかんまき
연어 알 군함

600円

⑬ おおとろ
ぐんかんまき
참치 뱃살 군함

600円

⑭ すしもりあわせ　모둠초밥

1500円

- たこ 문어
- たまご 계란
- すずき 농어
- サーモン 연어
- たい 도미

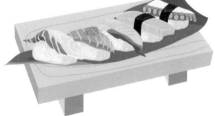

⑮ とくじょう
すしもりあわせ　특상모둠초밥

2000円

- くろだい 감성돔
- あなご 장어
- まぐろ 참치
- いくらぐんかんまき 연어 알 군함
- おどろぐんかんまき 참치 뱃살 군함

---

⑩ 타마고 계란　　⑪ 아나고 붕장어
⑫ 이쿠라 | 궁캄마키 연어 알 | 군함 말이　　⑬ 오오토로 | 궁캄마키 참치 뱃살 | 군함 말이
⑭ 스시 | 모리아와세 초밥 | 모둠　　⑮ 토쿠죠오 | 스시 | 모리아와세 특상 | 초밥 | 모둠

Izakaya Menu

1 あげもの 튀김 요리

おすすめ
[오스스메] : 추천

2 てんぷらのもりあわせ
모둠 튀김

1400円

3 カキフライ	4 コロッケ	5 とりのからあげ
굴튀김	크로켓	치킨가라아게
1300円	900円	1000円

6 えびてん 새우튀김 ·· 1500円
7 いかてんぷら 오징어 튀김 ································ 1500円
8 やさいのてんぷら 야채튀김 ···················· 1300円

9 にもの 조림요리

10 にくじゃが	11 さばのみそに	12 かくに
소고기 감자조림	고등어 된장 조림	삼겹살 장조림
1000円	700円	800円

---

1 아게 | 모노 튀김 | 것　　2 템푸라 | 노 | 모리아와세 튀김 | 의 | 모둠　　3 카키 | 후라이 굴 | 튀김
4 코롯케 크로켓　　5 토리 | 노 | 카라아게 새(닭) | 의 | 튀김　　6 에비 | 텡 새우 | 튀김
7 이카 | 템푸라 오징어 튀김　　8 야사이 | 노 | 템푸라 야채 | 의 | 튀김　　9 니모노 조림
10 니쿠 | 쟈가 고기 | 감자　　11 사바 | 노 | 미소 | 니 고등어 | 의 | 된장 | 조림　　12 카쿠* | 니 각진 것 | 조림

* 카쿠니는 돼지고기를 각지게 잘라서 졸이는 요리라서 '각진 것'이라는 뜻의 '카쿠'가 이름에 붙었습니다.

⑬ やきもの 구이요리

おすすめ

おすすめ

⑭ やきとり 닭꼬치구이
900円

⑮ おこのみやき 오코노미야키
1000円

⑯ シシャモやき
열빙어 구이
800円

⑰ サーモンステーキ
연어 스테이크
800円

⑱ たこやき
타코야키
600円

⑲ なべもの 냄비 요리

㉑ もつなべ
모츠나베
1400円

⑳ しゃぶしゃぶ
샤브샤브
1500円

㉒ なべやきうどん
냄비우동
800円

㉓ とりなべ 닭고기 전골 ··· 1000円

㉔ おでん 어묵탕 ··· 800円

---

⑬ **야키** | **모노** 구이 | 것	⑭ **야키** | **토리** 구이 | 새(닭)	⑮ **오코노미** | **야키** 기호 | 구이
⑯ **시샤모** | **야키** 열빙어 | 구이	⑰ **사-몬** | **스테-키** 연어 | 스테이크	⑱ **타코** | **야키** 문어 | 구이
⑲ **나베** | **모노** 냄비 | 것	⑳ **샤부샤부** 샤브샤브	㉑ **모츠** | **나베** 내장 | 냄비
㉒ **나베** | **야키** | **우동** 냄비 | 구이 | 우동	㉓ **토리** | **나베** 새(닭) | 냄비	㉔ **오뎅** 어묵탕

ラーメン
라멘

1 とんこつラーメン

돈코츠 라멘

750円

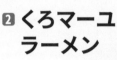

**2 くろマーユ
ラーメン**

흑마늘 기름 라멘

750円

3 しょうゆラーメン

간장 라멘

700円

4 みそラーメン

된장 라멘

700円

5 からいラーメン

매운 라멘

700円

6 つけめん

츠케멘

750円

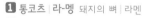

---

1 **통코츠** | 라-멩 돼지의 뼈 | 라멘   2 **쿠로마-유** | 라-멩 흑마늘기름 | 라멘   3 **쇼오유** | 라-멩 간장 | 라멘
4 **미소** | 라-멩 된장 | 라멘   5 **카라이** | 라-멩 맵다 | 라멘   6 **츠케** | 멩 묻힘 | 면

わしょくめんるいメニュー

일식 국수 메뉴

そば 메밀국수

7 にくそば
고기 메밀국수
700円

8 てんぷらそば
튀김 메밀국수
650円

9 やきそば
볶음 국수
750円

トッピング 토핑

10 たまご 계란

11 もやし 숙주

12 あおな 푸른 잎 채소

13 のり 김

14 かえだま 면 추가

15 チャーシュー 차슈

---

7 니쿠 | 소바 고기 | 메밀국수   **8 템푸라** | 소바 튀김 | 메밀국수   **9 야키** | 소바 구이 | 메밀국수
10 타마고 계란   **11 모야시** 숙주   **12 아오나** 푸른 잎 채소
13 노리 김   **14 카에다마** 면 추가   **15 챠-슈-** 차슈

MENU

Coffee

1. **エスプレッソ** 에스프레소 ¥300
2. **アメリカン** 아메리카노 ¥400
3. **カフェラテ** 카페라테 ¥450
4. **カフェオレ** 카페오레 ¥450
5. **カフェモカ** 카페모카 ¥450
6. **カプチーノ** 카푸치노 ¥450
7. **バニララテ** 바닐라라테 ¥450

Hot Drink

8. **ホットチョコレート**
   핫초코
   ¥500

9. **まっちゃラテ**
   말차라테
   ¥500

10. **ミントティー**
    민트티
    ¥500

11. **りょくちゃ**
    녹차
    ¥400

12. **いちごちゃ**
    딸기 차
    ¥400

13. **はなちゃ**
    꽃차
    ¥400

---

1. **에스푸렛소** 에스프레소
2. **아메리캉** 아메리카노
3. **카훼라테** 카페라테
4. **카훼오레** 카페오레
5. **카훼모카** 카페모카
6. **카푸치-노** 카푸치노
7. **바니라라테** 바닐라라테
8. **홀토** | **쵸코레-토** 핫 | 초콜릿
9. **맛챠** | **라테** 말차 | 라테
10. **민토** | **티-** 민트 | 차
11. **료쿠** | **챠** 녹 | 차
12. **이치고** | **챠** 딸기 | 차
13. **하나** | **챠** 꽃 | 차

Cold Drink

⑭ バナナシェイク
바나나 셰이크
¥500

⑮ チョコシェイク
초코 셰이크
¥500

⑯ いちごシェイク
딸기 셰이크
¥500

⑰ パルフェ
파르페
¥500

⑱ グレープフルーツジュース 자몽주스　¥550
⑲ オレンジジュース 오렌지 주스　¥550
⑳ トマトジュース 토마토주스　¥550
㉑ やさいジュース 채소 주스　¥550

Sweet Dessert

㉒ いちごケーキ
딸기 케이크
¥2000

㉓ チョコレートケーキ
초콜릿 케이크
¥2000

㉔ ブルーベリーパイ
블루베리 파이
¥2000

㉕ パンケーキ
팬케이크
¥1000

㉖ バニラアイスクリーム
바닐라 아이스크림
¥400

㉗ ワッフル
와플
¥500

---

⑭ 바나나 | 셰에쿠 바나나 | 셰이크　⑮ 쵸코 | 셰에쿠 초콜릿 | 셰이크　⑯ 이치고 | 셰에쿠 딸기 | 셰이크
⑰ 파루훼 파르페　⑱ 구레-후후루-츠 | 쥬-스 자몽 | 주스　⑲ 오렌지 | 쥬-스 오렌지 | 주스
⑳ 토마토 | 쥬-스 토마토 | 주스　㉑ 야사이 | 쥬-스 채소 | 주스　㉒ 이치고 | 케-키 딸기 | 케이크
㉓ 쵸코레-토 | 케-키 초콜릿 | 케이크　㉔ 부루-베리- | 파이 블루베리 | 파이　㉕ 팡 | 케-키 팬 | 케이크
㉖ 바니라 | 아이스크리-무 바닐라 | 아이스크림　㉗ 왓후루 와플

RESTAURANT
MENU

MAIN DISHES

1 マルゲリータ 마르게리타		¥1500
2 ポテトピザ 포테이토 피자		¥1500
3 ハワイアンピザ 하와이안 피자		¥1500
4 ナポリタン 나폴리탄		¥1000
5 カルボナーラ 카르보나라		¥1000
6 ハンバーグステーキ 함박스테이크		¥1500
7 バーベキューポークリブ 바비큐 폭립		¥2500

SIDES

8 コーンスープ 옥수수 수프		¥500
9 セサミサラダ 참깨 샐러드		¥700
10 コールスロー 코울슬로		¥700
11 フライドポテト 감자튀김		¥850

---

1 마루게리-타 마르게리타　　**2** 포테토 | 피자 감자 | 피자　　**3** 하와이암 | 피자 하와이안 | 피자
4 나포리탕 나폴리탄　　**5** 카루보나-라 카르보나라　　**6** 함바-구 | 스테-키 햄버그 | 스테이크
7 바베큐- | 포-쿠리부 바비큐 | 폭립　　**8** 코-온 | 스-푸 옥수수 | 수프　　**9** 세사미 | 사라다 참깨 | 샐러드
10 코-루스로- 코울슬로　　**11** 후라이도 | 포테토 튀김 | 감자

DRINKS

⑫ コーラ コラ　　　　　　　　　¥250
⑬ ジンジャーエール 진저에일　　　　¥300
⑭ フルーツジュース 생과일주스　　　¥600
⑮ レモネード 레모네이드　　　　　　¥500
⑯ なまビール 생맥주　　　　　　　¥450
⑰ あかワイン 레드와인　　　　　　¥3000
⑱ しろワイン 화이트와인　　　　　¥3000

DESSERTS

⑲ キウイシャーベット 키위샤베트　　¥350
⑳ カスタードプリン 커스터드 푸딩　　¥400
㉑ マカロン 마카롱　　　　　　　　¥200
㉒ ティラミス 티라미수　　　　　　¥450

---

⑫ 코-라 콜라　　　　⑬ 진쟈-에-루 진저에일　　　⑭ 후루-츠 | 쥬-스 과일 | 주스
⑮ 레모네-도 레모네이드　⑯ 나마 | 비-루 생 | 맥주　　　⑰ 아카 | 와잉 빨강 | 와인
⑱ 시로 | 와잉 하양 | 와인　⑲ 키우이 | 샤-벤토 키위 | 샤베트　⑳ 카스타-도 | 푸링 커스터드 | 푸딩
㉑ 마카롱 마카롱　　　㉒ 티라미스 티라미수

2

음식 이름으로 외우자,

히라가나 가타카나

히라가나 ①

카니지루	かにじる
시지미지루	しじみじる
오 쿠다사이	をください

を を る る を る み み に
오　　　루　　　　　미　니

に を る み に さ さ い い
　　　　　　　사　　　이

を る み に さ い か か く
　　　　　　　　　카　　쿠

く じ じ み に さ い だ だ か し し
　지　　　　　　　다　　　시

る だ し じ を る み に さ い か く

だ し に を み だ か る に み じ を

카 쿠 시 다 오 루 미 니 지 사 이 쿠

오 루 사 지 이 시 쿠 다 카 오 미 루

카니지루
└ 게 ┘ └ 국 ┘
かにじる

시지미지루
└ 바지락 ┘ └ 국 ┘
しじみじる

오 쿠다사이
~을　　└ 주세요 ┘
をください

히라가나 ❷

우메보시
うめぼし

우메즈케
うめづけ

우메슈
うめしゅ

め	め	ぼ	ぼ	め	ぼ	け	け	づ
메		보					케	즈
づ	め	ぼ	け	づ	う	う	め	ぼ
					우			
け	づ	う	し	し	ゆ	ゆ	め	ぼ
			시		유			
しゅ	しゅ	け	づ	う	し	ゆ	ぼ	け	づ
슈								
う	し	ゆ	め	ぼ	け	づ	しゅ	け	う	め

유	유	즈	즈	보	보	우	우	시	시	케	케
메	메	슈		슈		시	우	즈	유	메	케
우	보	시	즈	유	케	보	메	시		슈	우

우메 보시
└ 매실 ┘└ 말림 ┘

うめぼし

우메 즈케
└ 매실 ┘└ 절임 ┘

うめづけ

우메 슈
└ 매실 ┘└ 술 ┘

うめしゅ

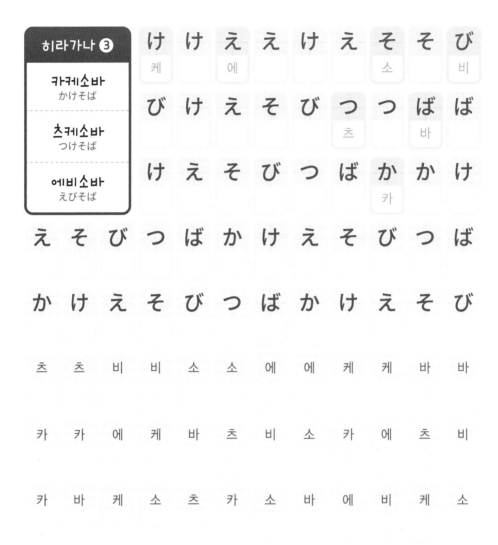

히라가나 ❸		
카케소바 かけそば		
츠케소바 つけそば		
에비소바 えびそば		

け　け　え　え　け　え　そ　そ　び
케　　　에　　　　　소　　비

び　け　え　そ　び　つ　つ　ば　ば
　　　　　　　　츠　　　바

け　え　そ　び　つ　ば　か　か　け
　　　　　　　　　카

え　び　つ　ば　か　け　え　そ　び　つ

か　け　え　そ　び　つ　ば　か　け　え　そ　び

츠　츠　비　비　소　소　에　에　케　케　바　바

카　카　에　케　바　츠　비　소　카　에　츠　비

카　바　케　소　츠　카　소　바　에　비　케　소

카케　소바
└ 뿌림 ┘└ 메밀국수 ┘
かけそば

츠케　소바
└ 묻힘 ┘└ 메밀국수 ┘
つけそば

에비　소바
└ 새우 ┘└ 메밀국수 ┘
えびそば

지금까지 배운 히라가나 ^{ひらがな}

✏️ 아래 빈칸에 지금까지 배운 히라가나를 채워 넣어 봅시다.

아	이	우	에	오
카	키	쿠	케	코
사	시	스	세	소
타	치	츠	테	토
나	니	누	네	노
하	히	후	헤	호
마	미	무	메	모
야		유		요
라	리	루	레	로
와			오	응

렝콤무시
れんこんむし

무시타마고
むしたまご

れ	れ	む	む	れ	む	た	た	し
레		무				타		시

し	れ	む	た	し	ま	ま	こ	こ
					마		코	

れ	む	た	し	ま	こ	ご	ご	ん
						고		○

ん れ む た し ま こ ご ん れ む た

し ま こ ご ん れ む た し ま こ ご

무 레 레 고 타 시 레 마 ○ 무 코 고

레 코 마 시 무 ○ 타 고 코 시 타 레

무 마 ○ 타 레 고 코 마 고 무 타 코

렝콤 무시
└연근┘ └찜┘

れんこんむし

무시 타마고
└찜┘ └달걀┘

むしたまご

텐동 てんどん								
오야코동 おやこどん								
유바동 ゆばどん								

て　て　お　お　て　お　ゆ　ゆ　や
테　　　오　　　　　　　　유　　　야

や　て　お　ゆ　や　ど　ど　ば　ば
　　　　　　　　　　　도　　　바

て　お　ゆ　や　ど　ば　こ　こ　ん
　　　　　　　　　　　　　코　　　ㄴ,ㅇ

ん　て　お　ゆ　や　ど　ば　こ　ん　て　お　ゆ

や　ど　ば　こ　て　お　ゆ　や　ど　ば　こ　て

테　테　코　코　바　바　야　야　오　오　유　유

도　도　ㄴ　ㅇ　오　야　테　도　바　유　ㄴ　코

오　바　유　테　코　도　바　야　ㅇ　테　오　코

텐 * 동 *
튀김　덮밥

てんどん

오야코 동
└ 부모 자식 ┘ 덮밥

おやこどん

유바 동
└ 두부피 ┘ 덮밥

ゆばどん

* '텐'은 '튀김'이라는 뜻의 '템푸라'의 약자입니다. / * '동'은 '덮밥'이라는 뜻의 '돈부리'의 약자입니다.

타코야키
たこやき

오코노미야키
おこのみやき

스키야키
すきやき

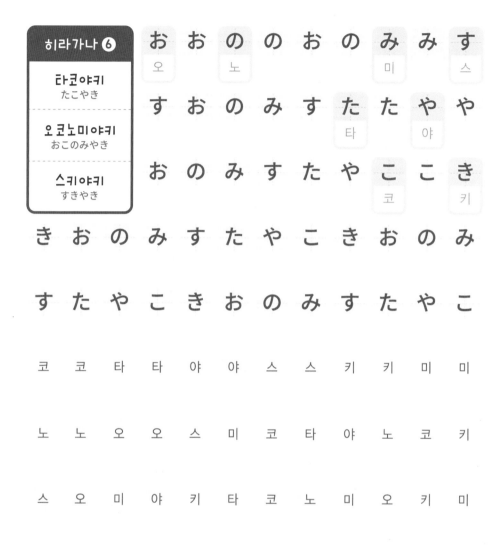

お	お	の	の	お	の	み	み	す
す	お	の	み	す	た	た	や	や
お	の	み	す	た	や	こ	こ	き
き	お	の	み	す	た	や	こ	き	お	の	み

す た や こ き お の み す た や こ

코	코	타	타	야	야	스	스	키	키	미	미
노	노	오	오	스	미	코	타	야	노	코	키
스	오	미	야	키	타	코	노	미	오	키	미

타코 야키
└ 문어 ┘ └ 구이 ┘

오코노미 야키
└ 기호 ┘ └ 구이 ┘

스키* 야키
└ 저미다 ┘ └ 구이 ┘

* 얇게 저민 고기를 넣어 먹는 요리라서 '얇게 깎다, 얇게 벗기다'라는 뜻의 동사인 '스쿠'가 변형되어 이름에 붙었습니다.

코부마키
こぶまき

니쿠마키
にくまき

이쿠라마키
いくらまき

ぶ ぶ ら ら ぶ ら に に ま
부   라   니   마

ま ぶ ら に ま い い く く
　　　　　　　　이　　　쿠

ぶ ら に ま い く こ こ き
　　　　　　　　　　코　　키

き ぶ ら に ま い く こ き ぶ ら に

ま い く こ き ぶ ら に ま い く こ

이 이 니 니 부 부 마 마 키 키 코 코

라 라 쿠 쿠 부 키 이 니 라 코 마 쿠

이 부 코 마 니 라 쿠 키 부 이 마 라

코부* 마키
└ 다시마 ┘└ 말이 ┘

こぶまき

니쿠 마키
└ 고기 ┘└ 말이 ┘

にくまき

이쿠라마키
└ 연어알 ┘└ 말이 ┘

いくらまき

---

* 실제 일본에서는 '코부' 보다 '콤부'라고 말합니다.

지금까지 배운 히라가나 _{ひらがな}

✏️ 아래 빈칸에 지금까지 배운 히라가나를 채워 넣어 봅시다.

아	이	우	에	오

카	키	쿠	케	코

사	시	스	세	소

타	치	츠	테	토

나	니	누	네	노

하	히	후	헤	호

마	미	무	메	모

야		유		요

라	리	루	레	로

와		오		응

よ	よ	せ	せ	よ	せ	め	め	も			
요		세				메		모			
も	よ	せ	め	も	ち	ち	べ	べ			
					치		베				
よ	せ	め	も	ち	べ	い	い	ま			
						이		마			
ま	よ	せ	め	も	ち	べ	い	ま	ぎ	ぎ	ん
									기		ㅁ
ん	め	も	ち	べ	い	ま	ぎ	ん	よ	も	い

마	마	이	이	베	베	치	치	기	기	ㅁ	ㅁ
모	모	메	메	요	요	세	세	베	마	치	기
메	요	ㅁ	세	모	베	치	마	요	메	ㅁ	이

마메모치
└콩┘ └떡┘
まめもち

요모기 모치
└쑥┘ └떡┘
よもぎもち

셈베에[*]
└전병┘
せんべい

* 일본어에서는 'ㅔ' 발음 뒤에 '이(い)'가 오면 'ㅔ이'가 아니라 'ㅔ~'라고 길게 발음합니다.

히라가나 **9**	ぬ	ぬ	ね	ね	ぬ	ね	そ	そ	う
사누키우동 さぬきうどん	누		네				소		우

	ぬ	ね	そ	う	ど	ど	ば	ば
네기소바 ねぎそば	う	ぬ	ね	そ	う	도		바

ぬ	ね	そ	う	ど	ば	さ	さ	き
						사		키

き	ぬ	ね	そ	う	ど	ば	さ	き	ぎ	ぎ	ん
									기		○

ん	ぬ	ね	そ	う	ど	ば	さ	き	ぎ	ん	そ

키	키	사	사	바	바	네	네	소	소	누	누
우	우	도	도	○	○	기	사	누	기	도	우
바	○	네	사	키	소	우	도	바	○	네	누

사누키 우동
└ 사누키(지명) ┘└ 우동 ┘

さぬきうどん

네기 소바
└ 파 ┘└ 메밀국수 ┘

ねぎそば

히라가나 ⑩

토리나베
とりなべ

보탄나베
ぼたんなべ

카모나베
かもなべ

り　り　な　な　り　な　ぼ　ぼ　も
리　　　나　　　　　　보　　　모

も　り　な　ぼ　も　べ　べ　た　た
　　　　　　　　　베　　　타

り　な　ぼ　も　べ　た　と　と　ん
　　　　　　　　　　　토　　　ㄴ

ん　り　な　ぼ　も　べ　た　と　ん　か　か　り
　　　　　　　　　　　　　　　카

な　ぼ　も　べ　た　と　ん　り　な　ぼ　も　べ

た　と　ん　か　べ　た　と　ん　か　り　な　も

카　보　타　나　ㄴ　리　토　카　베　타　모　보

나　ㄴ　타　모　리　토　보　베　나　ㄴ　카　리

토리* 나베
└ 새 ┘ └ 냄비 ┘
とりなべ

보탄　나베
└ 멧돼지 고기 ┘└ 냄비 ┘
ぼたんなべ

카모 나베
└ 오리 ┘└ 냄비 ┘
かもなべ

＊ '토리'는 본래 '새'라는 뜻의 단어지만, 음식에서 쓰일 때는 주로 '닭'을 의미합니다.

히라가나 ⑪	
와사비아에 わさびあえ	
쿠로고마아에 くろごまあえ	
나스아에 なすあえ	

あ あ ろ ろ あ ろ わ わ び
아 로 와 비

び あ ろ わ び え え な な
에 나

あ ろ わ び え な す す ま
스 마

ま あ ろ わ び え な す ま さ さ く
사 쿠

く あ ろ わ び え な す ま さ く ご
고

ご ろ わ び え な す ま さ く ご ろ

사 쿠 비 와 로 에 스 나 마 아 고 비

와 에 스 나 아 고 마 비 로 사 쿠 에

와사비 아에
└ 와사비 ┘└ 무침 ┘

わさびあえ

쿠로고마아에
└ 검은깨 ┘└ 무침 ┘

くろごまあえ

나스 아에
└ 가지 ┘└ 무침 ┘

なすあえ

지금까지 배운 히라가나 <small>(ひらがな)</small>

✏️ 아래 빈칸에 지금까지 배운 히라가나를 채워 넣어 봅시다.

아	이	우	에	오
카	키	쿠	케	코
사	시	스	세	소
타	치	츠	테	토
나	니	누	네	노
하	히	후	헤	호
마	미	무	메	모
야		유		요
라	리	루	레	로
와			오	응

노리템푸라 のりてんぷら

치쿠와템푸라 ちくわてんぷら

이카템푸라 いかてんぷら

の	の	り	り	の	り	て	て	ぷ
노		리			리	테		푸
ぷ	の	り	て	ぷ	ら	ら	ち	ち
					라		치	
の	り	て	ぷ	ら	ち	わ	わ	い
						와		이
い	の	り	て	ぷ	ら	ち	わ	い	ん	ん	く
									ㅁ		쿠
く	の	り	て	ぷ	ら	ち	わ	い	ん	く	か
											카
か	り	て	ぷ	ら	ち	わ	い	ん	く	か	り

노 라 이 카 푸 리 테 와 쿠 치 ㅁ 라

푸 리 이 테 치 와 ㅁ 노 푸 리 라 카

노리 템푸라
└ 김 ┘ └ 튀김 ┘

のりてんぷら

치쿠와 템푸라
└ 대롱 어묵 ┘ └ 튀김 ┘

ちくわてんぷら

이카 템푸라
└ 오징어 ┘ └ 튀김 ┘

いかてんぷら

통카츠벤토오
とんかつべんとう

사바벤토오
さばべんとう

야키니쿠벤토오
やきにくべんとう

つ つ べ べ つ べ う う や
츠　　베　　　　　　우　　야

や つ べ う や に に と と
　　　　　　　　니　　토

つ へ う や に と さ さ ば
　　　　　　　사　　바

ば つ べ う や に と さ ば ん ん か
　　　　　　　　　　ㅇ,ㄴ　카

か つ べ う や に と さ ば ん か き
　　　　　　　　　　　　키

き く く に と さ ば ん か き く に
쿠

야 니 바 키 베 우 사 토 츠 카 ㄴ 쿠

야 토 사 베 츠 바 키 ㅇ 쿠 키 니 토

통카츠벤토오*
└ 돈가스 ┘ └ 도시락 ┘

사바 벤토오
└ 고등어 ┘ └ 도시락 ┘

야키니쿠벤토오
└ 불고기 ┘ └ 도시락 ┘

* 일본어에서는 'ㅗ' 발음 뒤에 '우(う)'가 오면 'ㅗ우'가 아니라 'ㅗ~'라고 길게 발음합니다.

지금까지 배운 히라가나 (ひらがな)

✏️ 아래 빈칸에 지금까지 배운 히라가나를 채워 넣어 봅시다.

아	이	우	에	오
카	키	쿠	케	코
사	시	스	세	소
타	치	츠	테	토
나	니	누	네	노
하	히	후	헤	호
마	미	무	메	모
야		유		요
라	리	루	레	로
와			오	응

음식으로 외우는 가타카나 (カタカナ)

가타카나 ❶
아메리카노 アメリカノ
카훼오레 カフェオレ
카훼모카 カフェモカ

ア ア メ メ ア メ ノ ノ オ
아　　메　　　　　　노　　오

オ ア メ ノ オ モ モ リ リ
　　　　　　　　모　　리

ア メ ノ オ モ リ レ レ カ
　　　　　　　　　레　　카

カ ア メ ノ オ モ リ レ カ フ フ エ
　　　　　　　　　　　　후　　에

エ フェ フェ ア メ ノ オ モ リ レ
　휀

カ フ エ フェ ア メ ノ オ モ リ レ

메 리 노 레 후 모 오 훼 카 아 에

노 오 후 메 훼 아 노 오 리 모 메

아메리카노 *
└ 아메리카노 ┘

카훼오레
└ 카페오레 ┘

카훼모카
└ 카페모카 ┘

---

* 실제 일본에서는 '아메리카노' 보다 '아메리캉'이라고 말합니다.

카니챠-항
カニチャーハン

에비챠-항
エビチャーハン

에비마요챠-항
エビマヨチャーハン

ニ　ニ　マ　マ　ニ　マ　エ　エ　ヨ
　　니　　　마　　　　　에　　　요

ヨ　ニ　マ　エ　ヨ　ビ　ビ　カ　カ
　　　　　　　　　비　　　카

ニ　マ　エ　ヨ　ビ　カ　ハ　ハ　ン
　　　　　　　　　　　　하　　○

ン　ニ　マ　エ　ヨ　ビ　カ　ハ　ン　チ　チ　ヤ
　　　　　　　　　　　　　　　　치　　야

ヤ　チャ　チャ　ニ　マ　エ　ヨ　ビ　カ　ハ
　　차

ン　チ　ヤ　チャ　ニ　マ　エ　ヨ　ビ　カ　ハ

에　하　야　요　마　니　카　챠　비　치　하

요　○　치　마　니　비　카　하　요　야　마　니

카니 챠-항
└ 게 ┘└ 볶음밥 ┘

에비 챠-항
└ 새우 ┘└ 볶음밥 ┘

에비마요 챠-항
└ 새우마요네즈 ┘└ 볶음밥 ┘

우이스키-
ウイスキー

워츠카
ウォツカ

비-루
ビール

ス	ス	ウ	ウ	オ	オ	ス	ウォ
스		우		오			워

ウォ	ツ	ツ	ウォッ	ウォッス	ス
	츠		웍		

ウ	オ	ウォ	ツ	ウォッ	ビ	ビ
					비	

イ	イ	ス	ウ	オ	ウォッ	ツ	ビ	イ	キ	キ
이									키	

カ	カ	ス	ウォ	ツ	ビ	イ	キ	カ	ル	ル
카									루	

ス	ウ	オ	ツ	ウォッ	ビ	イ	キ	カ	ル	キ

츠	우	이	카	루	비	키	워	스	오	이

카	루	스	키	비	츠	우	카	오	루	스	비

우이스키-
└ 위스키 ┘

워츠카
└ 보드카 ┘

비-루
└ 맥주 ┘

지금까지 배운 가타카나 ^{カタカナ}

✏️ 아래 빈칸에 지금까지 배운 가타카나를 채워 넣어 봅시다.

아	이	우	에	오
카	키	쿠	케	코
사	시	스	세	소
타	치	츠	테	토
나	니	누	네	노
하	히	후	헤	호
마	미	무	메	모
야		유		요
라	리	루	레	로
와		오		응

가타카나 4
레모네-도 レモネード
라이무소-다 ライムソーダ
바나나소-다 バナナソーダ

ソ	ソ	モ	モ	ソ	モ	ネ	ネ	ム
소		모				네		무

ム	ソ	モ	ネ	ム	レ	レ	ナ	ナ
					레		나	

ソ モ ネ ム レ ナ ド ド ラ
　　　　　　　도　　라

ラ ソ モ ネ ム レ ナ ド ラ イ イ ダ
　　　　　　　　　　이　　다

ダ ソ モ ネ ム レ ナ ド ラ イ ダ バ
　　　　　　　　　　　　바

バ モ ネ ム レ ナ ド ラ イ ダ バ モ

소 레 모 나 네 무 도 라 비 이 다 모

나 네 무 도 소 이 바 다 레 나 모 이

레모네-도
ㄴ 레모네이드 ㄴ

라이무 소-다
ㄴ 라임 ㄴ ㄴ 소다 ㄴ

바나나소-다
ㄴ 바나나 ㄴ ㄴ 소다 ㄴ

가타카나 ❺

이치고파루훼
イチゴパルフェ

후루-츠타루토
フルーツタルト

왓후루
ワッフル

イ	イ	チ	チ	イ	チ	ワ	ワ	ツ
이		치				와		츠

ツ	ワッ		ワッ		ワッ	ツ	ゴ	ゴ
	왓						고	

イ	チ	ワッ		パ	パ	イ	チ	ワ
				파				

ツ	ゴ	パ	ル	ル	フ	フ	イ	チ	ワッ	ゴ
			루		후					

パ	ル	フ	エ	エ	タ	タ	イ	チ	ワ	ツ	ゴ
			에		타						

パ	ル	フ	エ	タ	ト	ト	イ	チ	ワッ	ゴ
					토					

パ	ル	フ	エ	タ	ト	イ	チ	ワ	ツ	ル	エ

치 와 고 루 츠 후 토 에 이 파 왓

이치고 파루훼 *
└ 딸기 ┘ └ 파르페 ┘

후루-츠 타루토
└ 과일 ┘ └ 타르트 ┘

왓후루
└ 와플 ┘

가타카나 ⑥

챠-슈-라-멩
チャーシューラーメン

네기라-멩
ネギラーメン

교-자
ギョーザ

ネ ネ メ メ ネ メ シ シ ユ
네 　 메 　 　 　 시 　 유

ユ シュ シュ ネ メ シ ユ
　 슈

ザ ザ ン ン ネ メ シ ユ ザ
자 　 ㅇ

ン チ チ ヤ ヤ ネ メ シ ユ ザ ン チ
　 치 　 야

ヤ ラ ラ ネ メ シュ ザ ン ギ ギ ヨ
　 라 　 　 　 　 　 　 기 　 요

ヨ ギョ チ ヤ ラ ギ ヨ ギョ ネ メ
　 교

シ ユ ザ ン チ ヤ ギ ヨ ネ メ シ ラ

네 　 시 　 자 　 유 　 야 　 라 　 치 　 기 　 요 　 메 　 ㅇ 　 네

챠-슈-라-멩
└ 차슈 ┘ └ 라면 ┘

네기 라-멩
└ 파 ┘ └ 라면 ┘

교-자
└ 교자 ┘

지금까지 배운 가타카나 (カタカナ)

✏️ 아래 빈칸에 지금까지 배운 가타카나를 채워 넣어 봅시다.

아	이	우	에	오
카	키	쿠	케	코
사	시	스	세	소
타	치	츠	테	토
나	니	누	네	노
하	히	후	헤	호
마	미	무	메	모
야		유		요
라	리	루	레	로
와			오	응

가타카나 ①

비-후카레-
ビーフカレー

윈나-카레-
ウインナーカレー

코록케카레-
コロッケカレー

ウ	ウ	イ	イ	ウィ	ウィ	ン
우		이		위		ㄴ
ン	レ	レ	ケ	ケ	ウイン	レ
	레		케			
ケ	ロ	ロ	ツ	ツ	ロッ	ロッ
	로		츠		록	

ウ	イ	ン	レ	ケ	ロ	ツ	ナ	ナ	ビ	ビ	ン
							나		비		

ウィ	レ	ケ	ロッ	ナ	ビ	フ	フ	カ	カ
						후		카	

レ	ケ	ロッ	ナ	ビ	フ	カ	コ	コ	レ	ケ
							코			

ロ	ツ	ナ	ビ	フ	カ	コ	ウ	イ	ン	レ	コ

카	레	이	츠	로	나	케	비	후	코	우	록

비-후 카레-
└ 소고기 ┘└ 카레 ┘

윈나- 카레-
└ 비엔나 소시지 ┘└ 카레 ┘

코록케카레-
└ 크로켓 ┘└ 카레 ┘

쇼-토케-키									
ショートケーキ									

쇼-토케-키
ショートケーキ

쵸코케-키
チョコケーキ

티라미스
ティラミス

ミ ミ ケ ケ ミ ケ チ チ シ
미　　케　　　　　　치　시

シ ミ ケ チ シ ヨ ヨ テ テ
　　　　　　　요　　테

チョ チョ ショ ショ ミ
쵸　　　　쇼

ケ チ シ ヨ イ イ ティ ティ ミ ケ
　　　　　이　　티

チ ショ テ イ ラ ラ ス ス ミ ケ シ
　　　　라　　스

チョ ティ ラ ス ト ト キ キ ミ ケ
　　　　토　　키

チ シ ヨ テ イ ラ ス ト キ コ コ ミ
　　　　　　　　　코

ケ チョ ショ ラ ス ティ ト キ コ

쇼-토 케-키
└ 쇼트 ┘└ 케이크 ┘

쵸코 케-키
└ 초콜릿 ┘└ 케이크 ┘

티라미스
└ 티라미수 ┘

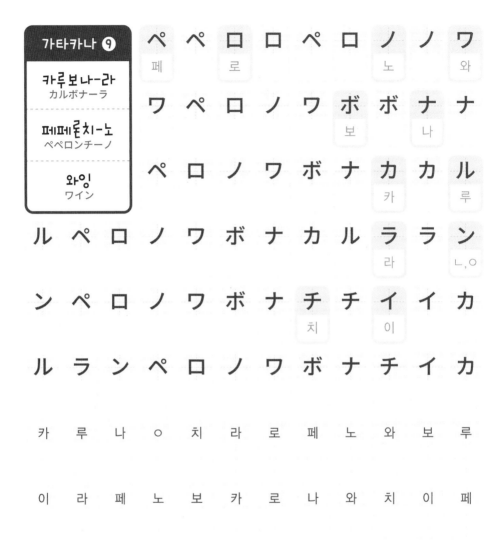

가타카나 ❾

카루보나-라
カルボナーラ

페페론치-노
ペペロンチーノ

와잉
ワイン

ペ	ペ	ロ	ロ	ペ	ロ	ノ	ノ	ワ
페		로				노		와

ワ	ペ	ロ	ノ	ワ	ボ	ボ	ナ	ナ
					보		나	

ペ	ロ	ノ	ワ	ボ	ナ	カ	カ	ル
						카		루

ル	ペ	ロ	ノ	ワ	ボ	ナ	カ	ル	ラ	ラ	ン
									라		ㄴ,ㅇ

ン	ペ	ロ	ノ	ワ	ボ	ナ	チ	チ	イ	イ	カ
							치		이		

| ル | ラ | ン | ペ | ロ | ノ | ワ | ボ | ナ | チ | イ | カ |

카 루 나 ㅇ 치 라 로 페 노 와 보 루

이 라 페 노 보 카 로 나 와 치 이 페

카루보나-라
└ 카르보나라 ┘

페페론치-노
└ 페페론치노 ┘

와잉
└ 와인 ┘

함바-구스테-키
ハンバーグステーキ

세사미사라다
セサミサラダ

코-온스-푸
コーンスプ

セ 세	セ	グ 구	グ	セ	グ	ミ 미	ミ	サ 사
サ	セ	グ	ミ	サ	ス 스	ス	テ 테	テ
セ	グ	ミ	サ	ス	テ	ハ 하	ハ	バ 바
バ ㅁ,ㄴ	セ	グ	ミ	サ	ス	テ	ハ	バ ン ラ 라
ラ	ダ 다	ダ	グ	ミ	サ	ス	テ	ハ バ ン キ 키
キ 코	コ	コ	ス	テ	ハ	バ	ラ	ダ キ コ プ 푸
プ	ス	テ	ハ	バ	ラ	ダ	キ	コ プ セ グ

ㅁ,ㄴ 스 미 라 키 테 사 하 구 세 다 푸

함바-구 스테-키
└ 햄버그 ┘ └ 스테이크 ┘

세사미 사라다
└ 참깨 ┘ └ 샐러드 ┘

코-온 스-푸
└ 옥수수 ┘└ 수프 ┘

ポ	ポ	リ	リ	ポ	リ	ズ	ズ	ヤ
포		리				즈		야
ヤ	ポ	リ	ズ	ヤ	チ	チ	ガ	ガ
					치		가	
ポ	リ	ズ	ヤ	チ	ガ	キ	キ	フ
						키		후
フ	ポ	リ	ズ	ヤ	チ	ガ	キ	フ	ラ	ライ
イ	チ	ガ	キ	フ	ラ	イ	ト	ト	ド	ド	キ
フ	ラ	イ	ト	ド	ラ	イ	ド	テ	テ	バ	バ
ズ	ヤ	チ	ガ	キ	フ	ラ	イ	ト	ド	テ	バ

치즈바가 チーズバーガー

테리야키바-가- テリヤキバーガー

후라이도포테토 フライドポテト

리 이 즈 키 후 토 야 포 치 라 테 바

치-즈 바-가-
└ 치즈 ┘ └ 버거 ┘

테리야키 바-가-
└ 데리야키 ┘ └ 버거 ┘

후라이도 포테토
└ 튀김 ┘ └ 감자 ┘

지금까지 배운 가타카나 ^{カタカナ}

✏️ 아래 빈칸에 지금까지 배운 가타카나를 채워 넣어 봅시다.

아	이	우	에	오
카	키	쿠	케	코
사	시	스	세	소
타	치	츠	테	토
나	니	누	네	노
하	히	후	헤	호
마	미	무	메	모
야		유		요
라	리	루	레	로
와		오		응

가타카나 ⑫	ベ	ベ	マ	マ	ベ	マ	ザ	ザ	ゲ
	베		마				자		게
베-콩피자 ベーコンピザ	ゲ	ベ	マ	ザ	ゲ	リ	リ	ポ	ポ
						리		포	
포테토피자 ポテトピザ	ベ	マ	ザ	ゲ	リ	ポ	テ	テ	ピ
							테		피
마루게리-타 マルゲリータ									

ピ	ベ	マ	ザ	ゲ	リ	ポ	テ	ピ	コ	コ	ン
									코		○

ン	ベ	マ	ザ	ゲ	リ	ポ	テ	ピ	コ	ン	ト
											토

ト	ル	ル	ベ	マ	ザ	ゲ	リ	ポ	タ	タ	テ
	루								타		

ピ	コ	ン	ト	ル	タ	ベ	マ	ザ	ゲ	リ	ポ

테　마　게　베　포　피　코　루　토　타　자　○

베-콩 피자
└ 베이컨┘└ 피자 ┘

포테토 피자
└ 감자 ┘└ 피자 ┘

마루게리-타
└ 마르게리타 ┘

ヌ 누	ヌ	チ 치	チ	ヌ	チ	イ 이	イ	ム 무
ム	ヌ	チ	イ	ム	ジ 지	ジ	ジャ 쟈	
ジャ	ヌ	チ	イ	ム	ヤ 야	ヤ	カ 카	
カ	ツ 츠	ツ	カッ 캅	カッ	ヌ	チ	イ	ム ジ
ジャ	カ	ツ	プ 푸	プ	ド 도	ド	ヌ チ イ	ム
ジャ	ル 루	ル	ゴ 고	ゴ	カッ	プ	ド ル	ゴ
イ	ヤ	ヌ	チ	イ	ム	ジャ	カ ツ プ	ド

오 무 루 츠 푸 야 하 누 아 지 카 도

칵푸 누-도루
└ 컵 ┘ └ 누들 ┘

이치고 쟈무
└ 딸기 ┘ └ 잼 ┘

지금까지 배운 가타카나 *カタカナ*

✏️ 아래 빈칸에 지금까지 배운 가타카나를 채워 넣어 봅시다.

아	이	우	에	오
카	키	쿠	케	코
사	시	스	세	소
타	치	츠	테	토
나	니	누	네	노
하	히	후	헤	호
마	미	무	메	모
야		유		요
라	리	루	레	로
와			오	응

3

좋은 식당 찾아가기

HiraGata_jp

#식당 추천 받기

#여행 가서 먹어봐야 할 일본 음식들

#예약하기

#일반 식당

#전문점

좋은 식당 찾아가기

검색으로 갈 만한 식당 쇼쿠도오(**しょくどう**)를 찾을 수도 있지만, 현지에서 돌아다니다가 마음에 드는 곳에 들어가거나, 현지인들에게 주변 맛집 오이시이미세(**おいしいみせ**)을 추천 받는 것도 좋은 방법입니다. 식당 상황에 따라 미리 예약 요야쿠(**よやく**)를 해야 하는 경우도 있습니다.

1,952 likes

A: 좋은 식당을 추천해주시겠어요?
いい しょくどうを おすすめしてくれ ませんか?
이이 쇼쿠도오오 오스스메시테쿠레마셍카?

B: 어떤 음식이요?
どんな たべものですか?
돈나 타베모노데스카?

A: 면 음식이요.
めん りょうりです。
멘 료오리데스.

회천 초밥집이요.
かいてんずしです。
카이텐즈시데스.

여기서 가까운 곳이요.
ここから ちかい ところです。
코코카라 치카이 토코로데스.

저렴한 곳이요.
やすい ところです。
야스이 토코로데스.

A: 일곱 시에 두 명으로 예약하고 싶습니다.
しちじに ふたり、よやくしたいです。
시치지니 후타리, 요야쿠 시타이데스.

~예약 후 식당에서~

B: 예약하셨나요?
よやくは なさいましたか?
요야쿠와 나사이마시타카?

A: 네. 7시의 ○○(이름)입니다.
はい。しちじの○○です。
하이. 시치지노 ○○데스.

초밥
すし
스시

국수
そば
소바

우동
うどん
우동

주먹밥
おにぎり
오니기리

라멘
ラーメン
라ー멩

오코노미야키
おこのみやき
오코노미야키

냄비요리
なべ
나베

어묵
おでん
오뎅

튀김, 돈가스
てんぷら
템푸라

정식
ていしょく
테에쇼쿠

문어빵
たこやき
타코야키

카레라이스
カレーライス
카레ー라이스

고기구이
やきにく
야키니쿠

푸딩
プリン
푸링

덮밥
どんぶり
돔부리

ふだ 후다

オープン 전·휴게 중
準備中 쥰비츄우
支度中 시타쿠츄우

영업 중
営業中 에에교우츄우
商い中 아키나이츄우

*商い 아키나이 : 장사

길을 걷다가 끌리는 가게를 발견했는데 영업시간이 궁금하다면,
문 앞에 걸린 팻말(**ふだ** 후다)을 확인합니다.

#일반 식당

1. 食堂 쇼쿠도오 : **식당**

일본 어디서나 흔히 볼 수 있는 일반 식당.
특정 메뉴가 정해져 있다기보다, 카레, 오므
라이스, 돈부리, 정식 등 일본 가정식 느낌
의 다양한 메뉴가 있습니다.

2. ファストフード 화ー스토후ー도 : **패스트푸드**

끼니를 빠르고 간단하게 해결하고 싶을 때
좋은 곳. 우리가 흔히 아는 맥도날드, 롯데
리아와 같은 전통 패스트푸드점 외에도 규
동이나 라멘, 오니기리 같은 종류도 패스트
푸드로 분류된다는 특징이 있습니다. 이런
음식들도 대부분 주문한 지 3분 이내에 음
식을 받아볼 수 있기 때문이죠.

#モスバーガー 모스버거

#KFC

#マクドナルド 맥도날드

: 맥도날드는 도쿄에서는 **マック**막쿠,
오사카에서는 **マクド**마쿠도라고 줄여 말합니다.

#ロッテリア 롯데리아

: 우리나라에도 있지만 메뉴가 많이 다릅니다.

#吉野家 요시노야 #松屋 마츠야 #すき家 스키야

: 일본 3대 규동 체인점.

3. ファミレス 화미레스 : 패밀리 레스토랑

레스토랑이라는 이름이지만, 일본에서는 편한 카페처럼 이용하는 곳입니다. 학생들이 시험공부를 하거나 친구들끼리 오랫동안 얘기를 나누거나, 가족끼리 놀러 와 저렴한 가격에 음식을 즐깁니다.

#サイゼリヤ 사이제리야

: 가격이 저렴해서 일본의 김밥천국이라 불립니다.

#ガスト 가스토

: 사이제리야보다 좀 더 가격대가 높고 고급스러운 곳. 시간대별로 다른 음식을 맛볼 수 있다는 특징이 있습니다.

#デニーズ 데니즈

: 다른 곳보다 가격대가 조금 높은 편으로, 아침 식사와 디저트가 유명합니다.

♥ ○ ▷   🔖

4. カフェ 카훼 : 카페

일본 카페는 원래 중장년층을 대상으로 하는 문화가 강했지만, 현재는 스타벅스나 타리즈 커피 등 젊은 여성층을 대상으로 한 일반 카페 문화가 자리 잡았습니다.

*킷사텐(喫茶店) : 레트로 다방 느낌의 카페 겸 음식점. 줄여서 킷사(喫茶)라고도 합니다. 카운터 자리나 부스 자리가 있고, 가게 주인이나 웨이터가 자리까지 음료와 요리를 가져다줍니다.

#スターバックス 스타벅스

: 일본에서 우리나라만큼이나 성공적으로 자리 잡아 큰 인기를 끌고 있습니다.

#タリーズコーヒー 타리즈 커피

: 미국에서 만든 커피 브랜드입니다.

#ドトールコーヒーショップ 도토루 커피숍

: 한국의 이디야 느낌의 가성비 카페입니다.

#コメダ珈琲店 코메다 커피점

: 나고야에서 가장 유명한 킷사텐으로, 아침 한정으로 판매하는 모닝구 세트가 유명합니다.

5. 居酒屋 이자카야 : 이자카야

선술집이라는 뜻으로, 사케, 맥주, 하이볼 등 다양한 술과 간단한 요리를 내놓는 음식점입니다. 한국에서도 쉽게 찾아볼 수 있는 형태의 술집이죠.

#ミライザカ 미라이자카

: 가성비가 좋아 가볍게 방문하기 좋습니다.

#魚民 우오타미

: 차분한 분위기에 폭넓은 메뉴를 즐길 수 있습니다.

#磯丸水産 이소마루 스이산

: 해산물를 전문으로 다루는 이자카야입니다.

♥ ○ ▷

특정 요리 전문점은 뒤에 **屋**야가 붙습니다. ***寿司屋** 스시야, **ラーメン屋** 라멘야, **牛丼屋** 규동야 등등

#전문점

1. **寿司** 스시

세계에 널리 알려진 일본 대표 음식 중 하나
입니다. 만드는 방법에 따라 다양한 이름이
존재하지만, 오늘날 판매하는 스시 대부분
이 식초, 설탕, 소금을 섞은 밥 위에 생선을
얹어 먹는 **にぎり寿司** 니기리즈시이죠.

#すしざんまい 스시잔마이
: 가격대는 있지만 그만큼 퀄리티가 높습니다.

#スシロー 스시로
: 가성비 회전 초밥집입니다.

#くら寿司 쿠라스시
: 100엔 스시로 유명합니다.

2. ラーメン 라멩 : **라멘**

일본의 대표 음식 중 하나로, 지역마다 조리
법이 약간씩 다르고 사용하는 재료가 다양
해서 맛의 스펙트럼이 넓다는 특징이 있습
니다. 삿포로는 미소라멘, 키타카타는 쇼유
라멘, 하카타의 돈코츠 라멘이 일본의 3대
라멘입니다. 이중 특히 하카타의 돈코츠 라
멘이 세계적으로 가장 유명합니다.

#一蘭ラーメン 이치란 라멘

: '일본 라멘'의 대표라고 할 수 있는 라멘 가게. 독서실
처럼 칸막이가 돼 있는 좌석으로 유명합니다.

#一風堂ラーメン 잇푸도 라멘

: 이치란 라멘과 함께 쌍벽을 이루는 곳으로, 해외에서는
가장 유명한 라멘 체인점입니다.

#博多一幸舎 하카타 잇코샤

: 매콤함이 더해진 아카라멘을 먹을 수 있는데, 한국인
입맛에는 제격입니다.

68

HiraGata_jp ・・・

#입장하기

#메뉴판 요청하기

#일본의 시간 표현(분)

식당 들어가기

식당에 들어서면 점원의 힘찬 어서 오세요(**いらっしゃいませ**이랏 샤이마세)가 들립니다. 혹시 손님이 많다면 웨이팅(**まちじかん**마치지 캉)이 긴 경우가 생기니, 얼마나 기다려야 하는지 물어보세요. 날씨 가 좋아서 창가(**まどべ**마도베)나 테라스(**テラス**테라스)에 있는 테이블 에 앉고 싶다면 점원에게 요청할 수도 있습니다.

 1,584 likes

B: 어서 오세요. 몇 분이세요?
いらっしゃいませ。なんめいさまですか?
이랏샤이마세. 난메에사마데스카?

A: 4명입니다.
よにんです。
요닌데스.

B: 현재 만석이라서 기다리셔야 합니다.
いま まんせきですので、またなければならないですけど よろしいですか?
이마 만세키데스노데, 마타나케레바나라나이데스케도 요로시이데스카?

A: 어느 정도 걸릴까요?
どのぐらい かかりますか? *음식 되는 시간에도 적용.
도노구라이 카카리마스카?

B: 20분 정도 걸릴 것 같습니다. 괜찮을까요?
にじゅっぷんぐらい かかると おもいます。よろしいですか?
니쥿풍구라이 카카루토 오모이마스. 요로시이데스카?

카운터석도 괜찮으신가요?
カウンターせきでも よろしいですか?
카운타ー세키데모 요로시이데스카?

A: 괜찮습니다.   다음에 다시 올게요.
だいじょうぶです。   またきます。
다이죠부데스.   마타키마스.

B: 그럼, 여기서 기다려주세요.
では、こちらで おまちください。
데와, 코치라데 오마치쿠다사이

A: 저기요, 안에서 기다려도 될까요?
あの、なかで まっても いいですか?
아노, 나카데 맏테모 이이데스카?

B: 오래 기다리셨습니다.   이쪽으로 오세요.   여기에 앉으세요.
おまたせしました。   こちらへ どうぞ。   こちらに おすわりください。
오마타세시마시타.   코치라에 도오조.   코치라니 오스와리쿠다사이.

A: 창가 자리로 부탁합니다.   야외 테라스 자리로 부탁합니다.
まどべで おねがいします。   テラスで おねがいします。
마도베데 오네가이시마스.   테라스데 오네가이시마스.

흡연석으로 부탁합니다.   금연석으로 부탁합니다.
きつえんせきで おねがいします。   きんえんせきで おねがいします。
키츠엔세키데 오네가이시마스.   킹엔세키데 오네가이시마스.

다른 자리로 부탁합니다.   따뜻한/시원한 자리로 부탁합니다.
ほかのせきで おねがいします。   あたたかい/すずしい せきで おねがいします。
호카노세키데 오네가이시마스.   아타타카이/스즈시이 세키데 오네가이시마스.

1분	2분	3분	4분	5분
いっぷん	**にふん**	**さんぷん**	**よんぷん**	**ごふん**
입풍	니홍	삼풍	욤풍	고홍

6분	7분	8분	9분	10분
ろっぷん	**ななふん**	**はっぷん**	**きゅうふん**	**じゅっぷん じっぷん**
롭풍	나나홍	합풍	큐우홍	쥼풍/집풍

20분	30분	40분	50분	1시간
にじゅっぷん	**さんじゅっぷん はん**	**よんじゅっぷん**	**ごじゅっぷん**	**いちじかん**
니쥼풍	산쥼풍/항	욘쥼풍	고쥼풍	이치지캉

*숫자 뒤에 훈(ふん)을 붙이되, 앞에 받침이 있으면 뿐(ぷん)으로 읽음.

#메뉴판 요청하기

A: 메뉴판 좀 주세요.
メニュー ください。
메뉴- 쿠다사이.

한국어 메뉴판 있나요?
かんこくごの メニュー ありますか?
캉코쿠고노 메뉴- 아리마스카?

영어 메뉴판 있나요?
えいごの メニュー ありますか?
에에고노 메뉴- 아리마스카?

B: 여기 있습니다.
こちらでございます。
코치라데고자이마스.

화장실은 어디인가요?

トイレは どこですか?
토이레와 도코데스카?

***おてあらいは どこですか?**
오테아라이와 도코데스카?

*お手洗い오테아라이 : 손 씻는 곳이라는 뜻으로
トイレ토이레 보다 격식을 차린 표현.

일본은 한국과 다르게 소비세를 따로 지불해야 하는 시스템입니다. 최근에는 음식점 내에서도 세금을 포함해서 알려주기도 하는데요, 메뉴판에 세금 포함(**税込**제에코미)이라는 단어가 있는지 확인하면 됩니다. 원래 일본의 소비세는 8%였지만, 2019년에 10%로 인상되었습니다. 다만, 제공되는 서비스에 따라 세율이 다르게 적용되기도 합니다. 식당에서는 기본적으로 점내에서 식사를 하면 소비세가 10%이고, 테이크아웃이나 배달은 8%가 적용됩니다.

*우리나라 포장마차와 같은 야타이(**屋台**)에서 식사를 할 때는 테이블이나 의자가 별도로 있다면 10%, 없다면 8%입니다.

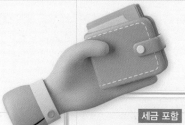

세금 포함
ぜいこみ
税込
제에코미

↔

세금 비포함
ぜいぬき
税抜
제에누키

*税込み로 표기되는 경우도 있다.

*税抜き로 표기되는 경우도 있다.

평일 한정
へいじつげんてい
平日限定
헤이지츠 겐테에

*限定겐테이 대신 限り카기리 라는 명사로 바꾸어 사용할 수 있다.

판매 시간
はんばいじかん
販売時間
함-바이 지캉-

*유사한 단어로 営業時間에-교-지캉- 이 있다.

음식 무한리필
たべほうだい
食べ放題
타베호오다이

*바이킹(バイキング 바이킹구)이라고도 하며, 음식점에 따라서 다르게 표현한다.

음료 무한리필
のみほうだい
飲み放題
노미호오다이

*드링크바(ドリンクバー 도링크바-)라고도 하며, 패밀리 레스토랑에서 주로 사용하는 표현이다.

흡연석
きつえんせき
喫煙席
키츠엔세키

금연석
きんえんせき
禁煙席
킹엔세키

*식사를 위해 가게로 들어가면 금연석과 흡연석 중 어느 곳을 원하냐고 질문을 하는 경우가 있다.

주문
ちゅうもん
注文
츄우몽

*구조가 조금 복잡한 가게라면 注文츄우몽이라는 한자를 보게 될 가능성이 높다. '주문은 이곳에서 (ご注文はこちら)'처럼 말이다. 주문이라는 한자만 알아둔다면 헤매는 일은 없을 것이다.

포장마차
やたい
屋台
야타이

*이동할 수 있게 만든 지붕이 달린 노점음식점.

HiraGata_jp · · ·

#음식 주문

#음식 맛을 기호에 맞게 변경하기

#추가 음식 요청하기

#물품 요청하기

#식권기 이용하기

식당에서 주문하기

이제 음식을 주문(**ちゅうもん** 츄우몬)할 차례입니다. 식당마다 주문하는 방식이 다를 수 있습니다. 벨(**ベル** 베루)을 누르면 점원이 와서 주문을 받을 수도 있고, 직접 카운터에 가서 미리 계산을 해야 하거나, 자판기(**じはんき** 지항키)를 이용해야 할 수도 있습니다. 주문할 때는 추천 메뉴부터, 음식 기호에 따른 요구 사항까지 자신 있게 말해보세요.

 1,943 likes

B: 주문하시겠습니까?
ちゅうもんされますか?
츄우몬사레마스카?

A: 추천 메뉴는 무엇인가요?
おすすめの メニューは なんですか?
오스스메노 메뉴와 난데스카?

무엇이 가장 인기 있나요?
なにが いちばん にんきですか?
나니가 이치방 닝키데스카?

B: (메뉴판을 가리키며) 이것입니다.
(メニューをさしながら) こちらでございます。
(메뉴-오 사시나가라) 코치라데고자이마스.

모둠 사시미입니다.
さしみの もりあわせでございます。
사시미노 모리아와세데고자이마스.

A: 이거 1개랑 이거 2잔 주세요.
これ ひとつと、これ にはい ください。
코레 히토츠토, 코레 니하이 쿠다사이.

보통 양으로 주세요.
なみでください。
나미데 쿠다사이.

곱빼기로 주세요.
おおもりでください。
오오모리데 쿠다사이.

B: 모둠 사시미 1개와 생맥주 2잔 맞나요?
さしみの もりあわせ ひとつと、なまビール にはいで よろしいですか?
사시미노 모리아와세 히토츠토, 나마비-루 니하이데 요로시이데스카?

A: 네.   아니오.
はい。   いいえ。
하이.   이이에.

~주문 변경하기~

A: 저기요, 주문을 바꾸고 싶어요.
あの、ちゅうもんを へんこうしたいですけど。
아노, 츄우몽오 헨코오시타이데스케도.

이거 취소해주세요.
これ、とりけしてください。
코레, 토리케시테쿠다사이.

A: 맵게 해주세요.
からくしてください。
카라쿠시테쿠다사이.

달지 않게 해주세요.
あまくないようにしてください。
아마쿠나이요우니시테쿠다사이.

이 음식에 오이가 들어가나요?
この りょうりに きゅうりが はいってますか?
코노 료오리니 큐우리가 하잇테마스카?

와사비는 빼주세요.
わさびは ぬいてください。
와사비와 누이테쿠다사이.

맛 표현

맛있다	맛있다(강조)	맛없다
おいしい	**うまい**	**まずい**
오이시이	우마이	마즈이

달다	짜다	맵다
あまい	**しょっぱい**	**からい**
아마이	숍파이	카라이

쓰다	시다	느끼하다
にがい	**すっぱい**	**あぶらっこい**
니가이	습파이	아부락코이

못 먹는 음식 표현

와사비	오이	생강
わさび	**きゅうり**	**しょうが**
와사비	큐우리	쇼오가

복숭아	갑각류	땅콩
もも	**こうかくるい**	**ピーナッツ**
모모	코오카쿠루이	피-낫츠

새우	조개류	고수
えび	**かいるい**	**コリアンダー**
에비	카이루이	코리안다-

일본의 음식 사이즈

보통 양

なみ 나미
なみもり 나미모리
ふつうもり 후츠우모리

많은 양(곱빼기)

おおもり 오오모리

아주 많은 양

とくもり 도쿠모리

#추가 음식 요청하기

A: 얼음 조금 더 주세요.
こおり もう すこし ください。
코오리 모오 스코시 쿠다사이.

국물 조금 더 주세요.
しる もう すこし ください。
시루 모오 스코시 쿠다사이.

밥 한 그릇 조금 더 주세요.
ごはんいちぜん もう すこし ください。
고항이치젱 모오 스코시 쿠다사이.

따뜻한 물 조금 더 주세요.
おゆ もう すこし ください。
오유 모오 스코시 쿠다사이.

차가운 물 조금 더 주세요.
つめたい みず もう すこし ください。
츠메타이 미즈 모오 스코시 쿠다사이.

1인분 조금 더 주세요.
いちにんまえ もう すこし ください。
이치님마에 모오 스코시 쿠다사이.

생맥주 한 잔 조금 더 주세요.
なまビールいっぱい もう すこし ください。
나마비-루입파이 모오 스코시 쿠다사이.

#물품 요청하기

A: 새 그릇 주시겠어요?
あたらしい さら くたさいますか。
아타라시이 사라 쿠다사이마스카?

물티슈 주시겠어요?
ウェットティッシュ くたさいますか。
웻토티슈 쿠다사이마스카?

냅킨 주시겠어요?
ナプキン くたさいますか。
나프킹 쿠다사이마스카?

빨대 주시겠어요?
ストロー くたさいますか。
스토로- 쿠다사이마스카?

젓가락 주시겠어요?
はし くたさいますか。
하시 쿠다사이마스카?

숟가락 주시겠어요?
スプーン くたさいますか。
스푸-웅 쿠다사이마스카?

앞치마 주시겠어요?
エプロン くたさいますか。
에프롱 쿠다사이마스카?

*받을 수 있을까요? **もらえますか?** 모라에마스카?

남은 음식 포장하고 싶을 때

포장해주실 수 있나요?

つつんでもらえますか?
츠츤데모라에마스카?

처음 주문할 때부터 테이크아웃하고 싶을 때

가져가겠습니다.

持ち 帰りです。
오모치 카에리데스.

#식권기 이용하기

♡ ◯ ▽ 🔖

食券機 쇼켄키 : **식권기**

1. 돈을 기계에 넣습니다. *현금 이용이 대부분.

2. 원하는 버튼을 누르거나 터치합니다. 종류가 같아도 맛, 양, 크기가 다르므로 주의하세요. 김, 계란, 공기밥 등 추가 메뉴도 있습니다. *잘 모르겠으면 그림을 참고하거나 왼쪽 상단에서부터 메뉴를 선택하자. 보통 가게에서 가장 추천하는 기본 메뉴를 왼쪽 상단에 배치한다.

3. 잔돈이 자동으로 나오지 않으면, 잔돈**おつり**오츠리, 반환 **返却** 헹캬쿠 이 적힌 버튼이나 레버를 이용합니다.

4. 나온 식권을 직원에게 전달합니다. *건네면서 부탁합니다 오네가이시마스(**お願いします**)라고 말하면 더 좋다.)

5. 이때 직원이 취향을 물어보는 경우도 있습니다. 기호가 있으십니까? **おこのみござ いますか?** 오코노미고자이마스카?

	면めん 멘	
덜 익혀서	보통	부드럽게 익혀서
かため	**ふつうめ**	**やわらかめ**
카타메	후츠우메	야와라카메

맛의 농도 あじの のうこうさ 아지노 노오코오사		
낮게, 옅게	보통	높게, 진하게
うすくち	**ふつうめ**	**こいくち**
우스쿠치	후츠우메	코이쿠치

기름의 양 あぶらのりょう 아부라노 료우		
적게	보통	많이
すくなめ	**ふつうめ**	**おおめ**
스쿠나메	후츠우메	오오메

HiraGata_jp ・・・

#계산하기

식당에서
계산하기

식사(**しょくじ** 쇼쿠지)를 다 끝냈으면, 돈(**おかね** 오카네)을 낼 차례입니다. 한국과 마찬가지로 일본(**にほん** 니혼)도 보통 계산서(**でんぴょう** 뎀표오)를 카운터(**カウンター** 카운타-)로 들고 가 계산을 합니다. 신용카드(**クレジットカード** 쿠레짓토카-도) 계산이 되지 않는 가게가 있을 수 있으니, 현금을 챙겨 다니는 게 좋습니다.

♥ 1,598 likes

#계산하기

A: 계산은 어디서 하나요?
おかいけいは どこですか?
오카이케에와 도코데스카?

B: 저쪽이요.
あちらでございます。
아치라데고자이마스.

계산 도와드릴까요?
おかいけいしましょうか?
오카이케에시마쇼오카?

A: 신용카드로 계산할 수 있나요?
クレジットカードで おかいけい できますか?
쿠레짓토카ー도데 오카이케에 데키마스카?

현금으로 할게요.
げんきんで します。
겡킨데 시마스.

B: 네, 총 1만 2천 엔입니다.
はい。ごうけい いちまん にせんえんで ございます。
하이. 고오케에 이치망 니셍엔데고자이마스.

A: 따로따로 계산 부탁드립니다.
べつべつで おねがいします。
베츠베츠데 오네가이시마스.

B: 알겠습니다. 잔돈 ○○엔입니다.
わかりました。○○えんの おかえしで ございます。
와카리마시타. ○○엔노 오카에시데고자이마스.

A: 영수증 주세요.
レシート ください。
레시ー토 쿠다사이.
＊일반 영수증은 **レシート**레시ー토, **領収書**료오슈우쇼오는 도장 찍힌 제출용 영수증을 말합니다.

B: 감사합니다. 또 오세요.
ありがとうございます。また きて ください。
아리가토오고자이마시타. 마타 키테쿠다사이.

A: 잘 먹었습니다.
ごちそうさまでした。
고치소오사마데시타.

더치페이
わりかん
와리캉
＊각자 부담을 뜻하는
割り前勘定와리마에칸죠오의 줄임말.

일본의 화폐

일본어로 지폐는 **紙幣**시헤이라 하고, 돈은 **お金**오카네라고 합니다. 화폐 단위는 엔(**円**, Yen)으로, **円**이나 **¥**로 표기합니다. 환율에 따라 달라지겠지만, 우리나라 원(₩, Won)에 0을 하나 붙여서 생각하면 편리합니다.

1000엔권, 2000엔권, 5000엔권, 10000엔권 총 4장의 지폐가 있지만, 2000엔권은 거의 사용되지 않으므로 현금 사용량이 많은 나라임에도 지폐 종류가 적은 편이죠. 그에 비해 동전은 무려 6종이기 때문에 현금 계산이 꽤 복잡합니다.

특히나 일본은 소비세가 따로 붙기 때문에, 1원과 5원도 사용해야 하고 잔돈도 많이 생깁니다. 일본 여행에서 동전 지갑이 필수인 이유입니다.

キャッシュレス決済 캿슈레스 켓사이 : **캐시리스 결제**

일본은 '현금의 나라'라고 불릴 만큼 현금 문화가 발달했습니다. 하지만 코로나 이후로 비대면 결제 방식이 증가하면서 현금 없이 결제하는 캐시리스 결제가 빠르게 늘어나는 추세입니다. 특히 이를 **電子マネー** 덴시마네- 라고 통칭하기도 하는데, 덴시는 전자, 마네는 Money의 일본식 발음으로 직역하면 전자화폐입니다. 우리나라의 삼성페이, 카카오페이, 티머니 결제와 같은 맥락으로 바코드 결제 방식의 Pay Pay나 선불 교통카드인 **スイカ** 스이카 등이 대표적인 예시라고 할 수 있습니다.

HiraGata_jp

#카페

#카페 이용 Tip

#이자카야

#일본 지역별 대표 음식

특정
식당에서
자주 쓰는
말

1,771 likes

#카페

B: 주문하시겠습니카?
ちゅうもんされますか?
츄우몬사레마스카?

A: 아이스 아메리카노 두 개와 치즈케이크 한 개 주세요.
**アイス アメリカノ ふたつと
チーズケーキ ひとつ ください。**
아이스 아메리카노 후타츠토
치-즈케-키 히토츠 쿠다사이.

따뜻한 라떼 한 개에 샷 추가해주세요.
**あたたかい ラテ ひとつに
ショット ついかしてください。**
아타타카이 라테 히토츠니
숏토 츠이카시테쿠다사이.

B: 어떤 사이즈로 하시겠어요?
サイズは どうなさいますか?
사이즈와 도오나사이마스카?

A: 레귤러 사이즈로 주세요.
レギュラーサイズで ください。
레규라-사이즈데 쿠다사이.

B: 점내에서 먹고 가시나요?
てんないで めしあがりますか?
텐나이데 메시아가리마스카?

*たべますか? 타베마스카? 보다 좀 더 정중한 표현.

A: 테이크아웃할게요.
おもちかえりです。
오모치카에리데스.

#카페 이용 Tip

Wi-Fi 비밀번호를 알려주세요.
Wi-Fiの パスワードを 教えてください。
와이파이노 파스와-도오 오시에떼쿠다사이.

같은 것(동행과 같은 메뉴)으로 부탁합니다.
同じ もので お願いします。
오나지 모노데 오네가이스마스.

캐리어(컵홀더)에 담아주세요.
カップホルダーに 入れてください。
캅푸호루다-니 이레테 쿠다사이.

*우리나라에서 말하는 컵홀더는
カップスリーブ 캅푸스리-브 : 컵 슬리브

검 시럽
ガムシロップ
가무시롭푸

*일본 테이크아웃 카페에서 흔히 볼 수 있는
캡슐형 시럽입니다.

매진, 품절
うりきれ
우리키레

솔드아웃
ソールドアウト
소-루도 아우토

B: 마실 것은 무엇으로 드릴까요?
のみものは なにに なさいますか?
노미모노와 나니니 나사이마스카?
*음식을 고르기 전에 술부터 주문하는 문화가 있습니다.

A: 생맥주 한 잔 주세요.
なまビール ひとつ ください。
나마비루 히토츠 쿠다사이.
***とりあえずなまひとつ。** 토리아에즈 나마 히토츠
:'우선 생맥'이라는 뜻으로, 보통 일본인들이
이자카야에 앉으면 하는 말입니다.

~맥주를 마시며 메뉴판을 본 후~

B: 결정하셨어요?
おきまりですか?
오키마리데스카?

A: 대표 메뉴는 무엇인가요?
ていばんの メニューは なんですか?
테에반노 메뉴와 난데스카?
***定番** 테에방 : 추천 메뉴인 **おすすめ** 오스스메와
다르게, 꾸준히 사랑받는 클래식한 메뉴를 말합니다.

B: 야키토리입니다.
やきとりでございます。
야키토리데고자이마스.

오토시(お通し오토시)문화

음식을 주문하기 전에 나오는 자릿세,
팁 개념의 안주. 일본 이자카야만의
관습입니다.

건배
かんぱい
칸빠이

#일본 지역별 대표 음식

1. 東京 도쿄

일본의 중심지. 뉴욕, 런던과 함께 세계 3대
도시권에 속하는 곳입니다. 중심지인 만큼,
우리에게 이미 익숙한 일본 대표 요리들을
모두 맛볼 수 있습니다.

#すし 스시

: 해산물이나 유부, 달걀, 김 등의 식재료를 식초로
간 한 밥 위에 얹은 요리입니다.

#そば 소바

: 메밀가루로 만든 일본의 면 요리입니다.

#ウナギ丼 우나기동

: 양념장을 발라 구운 장어를 밥 위에 얹어 먹는
덮밥, 즉 장어덮밥입니다.

2. 大阪 오사카

일본에서 세 번째로 큰 도시. 오사카에서는 먹다가 죽는다는 뜻의 '쿠이다오레'라는 말이 있을 정도로 다양한 먹거리가 즐비한 도시입니다.

#たこ焼き 타코야키

: 밀가루 반죽 안에 문어를 넣어 구운 요리입니다.

#お好み焼き 오코노미야키

: 고기, 해산물, 양배추 등 기호에 따라 다양한 재료를 넣은 부침 요리입니다.

#串カツ 쿠시카츠

: 다양한 재료를 꼬치에 꽂아 튀긴 요리. 주로 간장 소스에 찍어 먹고, 생맥주와 함께 먹습니다.

3. 京都 교토

천 년 이상 일본의 수도였던 교토. 분지에 위치한 교토는 양질의 지하수가 흘러서 고품질의 두부와 말차 등을 맛볼 수 있습니다.

#湯豆腐 유도후

: 두부를 국물에 데운 요리입니다.

#鰊蕎麦 니신소바

: 소바 위에 간장과 설탕으로 요리한 청어를 올린 요리입니다.

#宇治茶 우지차

: 일본에서 가장 높은 품질의 찻잎 생산 지역 우지에서 만들어진 차. 일본의 3대 명차 중 하나입니다.

4. 名古屋 나고야

나고야 밥이라는 뜻의 **名古屋飯** 나고야메시
라는 말이 있을 정도로, 일본의 기본적인 맛
과는 다른 나고야만의 자극적이고 독특한 맛
의 요리로 유명합니다.

#手羽先 테바사키

: 닭 날개 튀김. 나고야는 '코친'이라 불리는 식감이
좋은 토종닭이 유명합니다. 테바사키는 코친을 사용
한 요리 중에 가장 대표적입니다.

#味噌カツ 미소카츠

: 돈가스에 된장소스를 발라 먹는 요리입니다.

#ひつまぶし 히츠마부시

: 나고야식 장어덮밥. 내용물을 4분할로 나눠서
お茶漬け 오차즈케 방식으로 장어와 밥을 국물에 말
아 먹기도 합니다.

#喫茶店 킷사텐

: 나고야는 킷사텐 문화가 발달했는데, 특히 아침
식사를 토스트와 커피로 저렴하게 즐길 수 있는 모닝
세트(**モーニングセット** 모닝구 셋토)가 유명합니다.

5. 奈良 나라

사원, 세계문화유산, 사슴 공원 등 전통적인
장소가 많은 지역. 음식도 마찬가지로 오랜
전통을 갖고 있는 것이 많습니다.

#柿の葉寿司 카키노하스시

: 감잎으로 감싸 발효시킨 초밥입니다.

#葛 구즈

: 칡. 나라 요시노는 수질이 좋고 토지가 한랭해서 칡이
유명합니다. 칡을 국수 형태로 만들어 먹는 디저트인
くず切り 구즈키리가 대표적인 요리입니다.

#ならづけ 나라즈케

: 울외장아찌. 나라는 청주가 유명했기에 남은 청주를 이용해 장아찌를 만든 것을 시초로 유명해졌습니다.

6. 福岡 후쿠오카

하카타 돈코츠 라멘의 시초로 유명한 도시. 공항과 도심이 근처에 있어서 관광하기 좋습니다. 지리적으로 가까운 곳인 만큼, 우리나라 입맛에 잘 맞는 음식이 많습니다.

#モツなべ 모츠나베

: 일본식 곱창전골. 곱창이 아닌 대창을 사용한다는 특징이 있습니다.

#明太子 멘타이코

: 명란젓. 후쿠오카는 명란젓의 최고 특산지로, 우리나라와 달리 염분이 적어 맛이 담백합니다.

#豚骨ラーメン 돈코츠 라멘

: 돼지 뼈를 우려낸 국물로 만든 라멘. 세계적으로 가장 잘 알려진 라멘 종류입니다.

7. 長崎 나가사키

일본의 유서 깊은 항구 도시. 나가사키항이 일찍이 외국에 개방되면서 이국적인 형태의 음식이 많습니다.

#長崎ちゃんぽん 나가사키 짬뽕

: 일본식 중화요리로, 다른 짬뽕과 달리 흰 국물이 특징입니다.

#長崎カステラ 나가사키 카스테라

: 나가사키항을 외국에 개방하면서 포르투갈 사람들에 의해 전해진 카스텔라입니다. 부드럽고 폭신폭신한 식감이 특징입니다.

#びわ 비와

: 비파나무 열매. 당도에 따라 복숭아, 살구, 단감을 섞은 듯한 맛입니다.

8. 沖縄 오키나와

일본 최남단에 위치한 섬으로, 아열대 기후의 휴양지로 유명합니다. 오랫동안 일본과 다른 국가였기에, 본토 음식과 다른 독특한 맛을 즐길 수 있습니다.

#沖縄そば 오키나와 소바

: 소바라는 이름이지만, 메밀국수가 아니라 밀가루로 만든 굵은 면이 들어간 국수입니다.

*오키나와어로 하면 うちなーすば 우치나 수바.

#紅いもタルト 베니 이모 타르트

: 오키나와산 자색고구마로 만든 타르트로, 관광 상품으로도 유명합니다.

#サーターアンダギー 사타 안다기

: 오키나와어로 설탕 기름 튀김이라는 의미로, 오키나와산 사탕수수를 이용해 만든 도넛입니다.

9. 北海道 홋카이도

일본 최북단에 위치한 냉대기후의 섬으로, 온통 하얗게 눈으로 덮인 풍경이 장관인 지역입니다. 특히 신선한 해산물과 고기를 즐길 수 있습니다.

#ジンギスカン 징기스칸

: 일본식 양고기 구이요리입니다.

#夕張メロン 유바리 멜론

: 유바리시의 고급 멜론으로, 보통 멜론보다 더 달콤한 맛에 노란 속살을 자랑합니다.

#かに 게 요리

: 게 어획량이 일본 다른 지역과 차원이 다릅니다. 특히, 털게는 연중 내내 잡히기 때문에 다양한 털게 요리가 유명합니다.

일본 관동(關東간토), 관서(關西간사이) 지방의 음식 스타일

일본의 핵심 지역은 둘로 나눌 수 있는데요, 도쿄를 대표로 하는 관동(關東간토)지역과, 오사카와 교토를 대표로 하는 관서(關西간사이)지역입니다. 간토 지역은 이전부터 정치와 경제의 중심지였고, 간사이 지역은 상인들의 도시였다고 합니다. 두 지역은 기온, 문화, 언어 등 큰 차이가 존재하죠. 당연히 식문화에도 다양한 차이가 있습니다. 대표적으로 우동과 소바 문화입니다. 간토는 소바, 간사이는 우동 문화가 발달했는데요, 간토는 쌀 생산이 어려운 토지라, 소바 문화가 많이 퍼졌습니다.

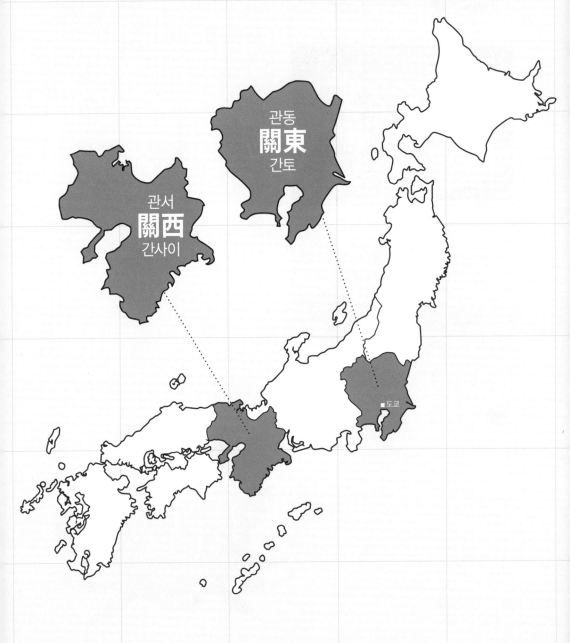

1. 국물 내는 법

간토 : 가츠오부시 같은 건어물에서 우려낸 진한 국물을 써서 풍부하고 깊은 감칠맛이 납니다. 간토의 토질 특성상 채소의 섬유질이 질겨서 그 억센 식감에 밀리지 않기 위해 간을 진하게 하는 편입니다.

간사이 : 맑고 투명한 다시마 국물을 사용해서 차분하고 섬세한 맛이 납니다. 간토와 반대로 섬유질이 부드러워서 재료 본연의 맛과 어울리는 담백한 간을 선호한다는 특징이 있습니다.

*인스턴트 라멘에는 같은 제품이라도 옆에 East라는 뜻의 E, West라는 뜻의 W라는 표시로 간토와 간사이의 특성에 맞는 스프를 넣어 맛을 다르게 하기도 합니다.

2. 된장 종류

간토 : 숙성 기간이 길어 색상이 진하고 염도가 높은 아카 미소를 사용합니다.

간사이 : 숙성 기간이 짧아 색이 연하고 염도가 낮은 시로 미소를 사용합니다.

3. せんべい _{셈베에} **종류**

간토 : 간장 맛에 단단한 식감이며,

草加せんべい 소오카셈베에가 대표적입니다.

간사이 : 바삭한 씹는 맛이 특징이고,

ぼんち揚げ 본치아게가 대표적입니다.

4. 벚꽃 떡(**さくら餅** _{사쿠라 모치}) **형태**

간토 : 얇은 밀가루 반죽을 크레프처럼 말아
안에 팥을 넣은 형태입니다.

간사이 : 찹쌀가루를 이용한 쫀득한 반죽을
팥이 보이지 않게 동글게 빚은 형태입니다.

5. 유부초밥(**いなり寿司** 이나리즈시)

간토 : 네모난 모양입니다.

간사이 : 세모난 모양입니다.

6. 식빵 두께

간토 : 식빵 한 덩어리를 6~8조각으로 자른 얇은 식빵을 선호합니다.

간사이 : 세모식빵 한 덩어리를 4~5조각으로 자른 두꺼운 식빵을 선호합니다.

*일본은 동네 슈퍼에 파는 빵도 두께를 다양하게 고를 수 있게 되어있습니다.

4

일본어의 생김새
&
숫자 읽기

세 가지 글자의 일본어

일본어에는 세 종류의 글자가 있습니다.

일본에서 만들어진 **히라가나** 平仮名 / ひらがな, **가타카나** 片仮名 / かたかな 와

중국에서 넘어온 **한자**입니다. 히라가나와 가타카나는 한자에서 모양을 따 만든

글자이기 때문에 가짜 글자라는 뜻으로 카나 仮名 라는 이름이 붙었지요.

그리고 한자는 진짜 글자라는 의미로 마나 真名 라고 불렀습니다.

이 세 종류 글자를 어떻게 사용하는지 알아볼까요?

にほんご	ニホンゴ	日本語
히라가나	가타카나	한자

한자와 히라가나는 일반적으로 모든 글에 사용됩니다.

가타카나로는 외래어 · 외국어, 외국의 지명, 인명을 표기합니다.

私 は　コーヒー を　飲 む。　나는 커피를 마신다.
와타시 와　　코-히-　　오　　노 무　　　　　　　외래어

실제 일본에서는 한자를 주로 사용합니다.

그런데 한자가 있는데도 히라가나나 가타카나로 쓰는 단어도 있습니다.

한자가 어렵거나, 잘 쓰지 않는 단어인 경우입니다.

딸기나 새우가 대표적 예입니다.

苺 → イチゴ / いちご
딸기　　이치고

海老 → エビ / えび
새우　　에비

『청음, 탁음, 반탁음』

우리말을 보면, 글자에 따라서 발음이 예사소리나 된소리, 거센소리로 나뉩니다.
일본어 역시 글자의 모양에 따라 청음, 탁음, 반탁음 등으로 발음을 구분합니다.

1 청음 보통의 글자

청음을 보겠습니다.

히라가나 50음도에 있는 글자네요.

50음도에 있는 보통의 글자를 청음이라고 합니다.

2 탁음 탁한 소리

ㅋ	ㅅ	ㅌ	ㅎ
か 카 행	さ 사 행	た 타 행	は 하 행

탁음은 음절의 첫소리가 위 4개의 행에 해당하는 청음으로만 만들 수 있습니다.

ㅋ か 카 행 ↓ ㄱ が 가 행	か카	き키	く쿠	け케	こ코
	が가	ぎ기	ぐ구	げ게	ご고

ㅅ さ 사 행 ↓ ㅈ ざ 자 행	さ사	し시	す스	せ세	そ소
	ざ자	じ지	ず즈	ぜ제	ぞ조

ㅌ た 타 행 ↓ ㄷ だ 다 행	た타	ち치	つ츠	て테	と토
	だ다	ぢ지	づ즈	で데	ど도

주의 (ち치 つ츠 / ぢ지 づ즈)

ㅎ は 하 행 ↓ ㅂ ば 바 행	は하	ひ히	ふ후	へ헤	ほ호
	ば바	び비	ぶ부	べ베	ぼ보

탁음을 보겠습니다. 자세히 보니 **ひ**_히 오른쪽 위에 점 2개가 붙어 있네요.
저 점은 **탁점** 혹은 **텐텐** 이라고 부릅니다. 텐은 '점'이라는 뜻이죠.
이렇게 탁점이 찍힌 음을 '탁음'이라고 부릅니다.

탁음은 '탁한 소리'라는 뜻인데, 실제로 탁하다기보다 청음보다 성대를 더 많이 사용합니다.
이때, 주의할 점은 **だ**_다행의 발음입니다. **た**_타행의 글자 중 'ㅌ' 소리가 나지 않는 **ち**_치와 **つ**_츠는
탁음으로 변화할 때도 'ㄷ'이 아닌 'ㅈ'으로 변합니다. 따라서 **だ**_다행의 **ぢ**_지와 **づ**_즈는
ざ_자행의 **じ**_지와 **ず**_즈와 같은 발음이 되어버립니다.

이 중에서 주로 쓰는 것은 **ざ**_자행의 **じ**_지와 **ず**_즈입니다.
だ_다행의 **ぢ**_지와 **づ**_즈는 몇몇 경우를 제외하곤 잘 사용하지 않는 글자입니다.

3 반탁음 청음과 탁음 사이

반탁음을 보겠습니다. 글자 오른쪽 위에 동그라미가 덧붙여져 있습니다.
이 동그라미를 **반탁점** 혹은 **丸**_{마루} 라고 합니다.
丸_{마루} 는 '동그라미'라는 뜻입니다.

ㅎ ↓ ㅍ	**は**_하	**ひ**_히	**ふ**_후	**へ**_헤	**ほ**_호
	ぱ_파	**ぴ**_피	**ぷ**_푸	**ぺ**_페	**ぽ**_포

청음에 반탁점을 붙이면 반탁음이 됩니다.
반탁음은 청음과 탁음의 중간에 있는 음으로, 반만 탁한 소리라는 뜻입니다.
오직 **は**_하행만 반탁음으로 만들 수 있습니다. 반탁점이 붙으면 **は**_하는 **ぱ**_파가 되죠.

요음, 촉음, 발음

1 청음 옆에 붙는 요음

여기에서 **ひ**히 옆에 작게 붙은 것은 50음도의 **や**야 입니다.

두 글자처럼 보이지만 하나의 글자로 취급합니다. **や**야를 청음의 절반

정도의 크기로 작게 만든 다음, 마치 탁점처럼 청음 옆에 붙인 것입니다.

や야 뿐만 아니라 **ゆ**유, **よ**요 역시 이런 방식으로 줄여서 사용할 수 있습니다.

이렇게 만들어진 글자를 요음이라고 부릅니다.

	또박또박 말한다	한 번에 빨리 말한다
야 **や**	시 야 쿠 **しやく** 시약	샤 카 이 **しゃかい** 사회
유 **ゆ**	치 유 **ちゆ** 치유	츄 우 고 쿠 **ちゅうごく** 중국
요 **よ**	히 요 코 **ひよこ** 병아리	효 오 겡 **ひょうげん** 표현

요음은 '굽은 소리'라는 뜻입니다.

위의 표를 보면 청음과 요음의 차이를 쉽게 알 수 있습니다.

왼쪽은 그냥 두 글자를 나열한 것입니다. 반면 오른쪽은 요음을 사용했습니다.

결국 요음은 작게 쓰고 한 번에 읽는다 라고 정리할 수 있습니다.

요음은 오직 **い**이단에만 붙일 수 있습니다.

> 요음은 앞글자와
> 연결해서 읽으면 돼!

2 일본어의 받침

일본어에서 받침 역할을 하는 글자는 つ 촉음과 ん 발음, 2개 뿐입니다. 그러나 つ 촉음과 ん 발음은 발음이 한 가지로 고정된 것이 아니고, 뒤에 어떤 글자가 오는지에 따라 발음이 여러 가지로 변합니다.

촉음 っ

つ 촉음은 ㄷ・ㄱ・ㅅ・ㅂ, 이렇게 4가지 발음을 가지고 있지만, 촉음을 발음하기란 그렇게 어려운 일이 아닙니다.
바로 뒤에 나오는 자음의 발음이 촉음으로 옮겨가는 것이기 때문입니다.

일본어의 촉음은 우리말의 받침과 같군!

발음 ん

ひん

つ 촉음은 뒷글자의 발음이 그대로 앞으로 전달되기 때문에 매우 쉬웠습니다. 하지만 ん 발음은 더 살펴봐야 합니다. 뒷글자의 영향을 받기는 하지만, 뒷글자를 그대로 따라가는 것은 아니기 때문입니다.

일본어로 숫자 읽기

일본어 숫자를 배울 때는 보통 기수와 서수 2가지를 배웁니다.
'기수'와 '서수'라는 단어가 낯설게 느껴질 수 있지만,
우리말에서도 종종 사용하는 개념이니 어려울 것은 없습니다.
먼저 기수란 '일, 이, 삼...'과 같은 기본적인 숫자를 말합니다.
그리고 서수는 '첫 번째, 두 번째, 세 번째...'와 같은
순서를 나타내는 말로 '하나, 둘, 셋'과 같은 개념입니다.
일본어의 서수는 1부터 10까지만 사용하는 것이 일반적입니다.

기수

1	2	3	4	5	6	7	8	9	10
いち	に	さん	し	ご	ろく	しち	はち	きゅう	じゅう
이치	니	상	시	고	로쿠	시치	하치	큐우	쥬우

100	1,000	10,000	100,000	1,000,000
ひゃく	せん	まん	じゅう まん	ひゃく まん
햐쿠	셍	망	쥬우 망	햐쿠 망

서수

1	2	3	4	5	6	7	8	9	10
ひとつ	ふたつ	みっつ	よっつ	いつつ	むっつ	ななつ	やっつ	ここのつ	とお
히토츠	후타츠	밋츠	욧츠	이츠츠	뭇츠	나나츠	얏츠	코코노츠	토오

숫자 4(し시)와 숫자 7(しち시치)의 발음은
'죽음'을 뜻하는 死시, '사지'를 뜻하는 死地시치와
발음이 같아서 し시 대신 よん용으로, しち시치 대신
なな나나 라고 읽는 경우가 많아!

서수 표현은 10까지만!
11부터는 기수와 같아!

1 **기수**를 활용한 표현

앞에서 배운 숫자를 활용해 이번에는 사물의 개수를 세어보겠습니다.

個 コ 는 '한 개, 두 개, 세 개'에서 **개**에 해당하는 표현입니다.

한 개	두 개	세 개	네 개	다섯 개
いっこ	にこ	さんこ	よんこ	ごこ
一個	二個	三個	四個	五個
익코	니코	상코	용코	고코
여섯 개	일곱 개	여덟 개	아홉 개	열 개
ろっこ	ななこ	はっこ	きゅうこ	じゅっこ
六個	七個	八個	九個	十個
록코	나나코	학코	큐우코	쥭코

2 **서수**를 활용한 표현

사물의 개수를 셀 때 사용할 수 있는 표현이 한 가지 더 있습니다.

바로 '하나, 둘, 셋'과 같은 표현으로 우리가 "사과 한 개 주세요."라는 말을
"사과 하나 주세요."라는 말로 바꿔 쓸 수 있는 것과 같은 개념입니다.

하나 / 한 개	둘 / 두 개	셋 / 세 개	넷 / 네 개	다섯 / 다섯 개
ひとつ	ふたつ	みっつ	よっつ	いつつ
一つ	二つ	三つ	四つ	五つ
히토츠	후타츠	밋츠	욧츠	이츠츠
여섯 / 여섯 개	일곱 / 일곱 개	여덟 / 여덟 개	아홉 / 아홉 개	열 / 열 개
むっつ	ななつ	やっつ	ここのつ	とう
六つ	七つ	八つ	九つ	十
뭇츠	나나츠	얏츠	코코노츠	토오

つ 츠 는 숫자 자체를 의미하며, 개라는 뜻도 있어서,
서수 표현을 그대로 사용해서 사물의 개수를 셀 수 있습니다.

열한 개	열두 개	열세 개	열네 개	열다섯 개
じゅういっこ	じゅうにこ	じゅうさんこ	じゅうよんこ	じゅうごこ
十一個	十二個	十三個	十四個	十五個
쥬우익코	쥬우니코	쥬우상코	쥬우용코	쥬우고코

2023年 6月 🌷

にせんにじゅうさん　ねん　　ろく　がつ
니센니쥬우상　넹　　로쿠　가츠

🏃 月曜日	🏃 火曜日	🏃 水曜日	🏃 木曜日	🏃 金曜日	😴 土曜日	😴 日曜日
げつようび 게츠요오비	かようび 카요오비	すいようび 스이요오비	もくようび 모쿠요오비	きんようび 킹요오비	どようび 도요오비	にちようび 니치요오비
			1 초하루 **ついたち** 一日 츠이타치	2 **ふつか** 二日 후츠카	3 **みっか** 三日 믹카	4 **よっか** 四日 욕카
5 **いつか** 五日 이츠카	6 **むいか** 六日 무이카	7 **なのか** 七日 나노카	8 **ようか** 八日 요오카	9 **ここのか** 九日 코코노카	10 **とおか** 十日 토오카	11 じゅう いちにち 十一日 쥬우이치니치
12 じゅう ににち 十二日 쥬우니니치	13 じゅう さんにち 十三日 쥬우산니치	14 じゅう よっか 十四日 쥬우욕카	15 じゅう ごにち 十五日 쥬우고니치	16 じゅう ろくにち 十六日 쥬우로쿠니치	17 じゅう しちにち 十七日 쥬우시치니치	18 じゅう はちにち 十八日 쥬우하치니치
19 じゅう くにち 十九日 쥬우쿠니치	20 스무날 **はつか** 二十日 하츠카	21 にじゅう いちにち 二十一日 니쥬우이치니치	22 にじゅう ににち 二十二日 니쥬우니니치	23 にじゅう さんにち 二十三日 니쥬우산니치	24 にじゅう よっか 二十四日 니쥬우욕카	25 にじゅう ごにち 二十五日 니쥬우고니치
26 にじゅう ろくにち 二十六日 니쥬우로쿠니치	27 にじゅう しちにち 二十七日 니쥬우시치니치	28 にじゅう はちにち 二十八日 니쥬우하치니치	29 にじゅう くにち 二十九日 니쥬우쿠니치	30 さんじゅう にち 三十日 산쥬우니치		

주의

파랑 은 보통의 숫자와 다릅니다. 2일부터 10일까지는 서수로 읽고, 나머지는 모두 기수로 읽습니다.
1일과 20일은 기수도 서수도 아닌 특수 표현이므로 주의해야 합니다.
4는 '용' 또는 '시' 이지만 날짜에서는 모두 '욕카'로 고정되고,
9는 '큐우' 또는 '쿠' 이지만 날짜에서는 모두 '쿠니치'로 고정됩니다.

12가지 주요 단위

さら
皿
사라

접시·재떨이

一皿 히토사라	한 접시
二皿 후타사라	두 접시
三皿 산사라	세 접시

ほん
本
홍

병·바나나·연필 등

一本 입퐁	한 병
二本 니홍	두 병
三本 삼봉	세 병

かん
缶
캉

음식물이 든 깡통

一缶 이치캉	한 캔
二缶 니캉	두 캔
三缶 상캉	세 캔

はい
杯
하이

용기에 든 마실 것

一杯 입파이	한 잔
二杯 니하이	두 잔
三杯 삼바이	세 잔

ぜん
膳
젱

공기밥·젓가락 한 쌍

一膳 이치젱	한 공기
二膳 니젱	두 공기
三膳 산젱	세 공기

にん
人
닝

사람

一人 히토리	한 명
二人 후타리	두 명
三人 산닝	세 명

さい
歳
사이

나이

一歳 잇사이	한 살
二歳 니사이	두 살
三歳 산사이	세 살

ばん
番
방

123

순서·등급·횟수 등

一番 이치방	첫 번
二番 니방	두 번
三番 삼방	세 번

じかん
時間
지캉

시간

一時間 이치지캉	한 시간
二時間 니지캉	두 시간
三時間 산지캉	세 시간

かい
回
카이

횟수

一回 익카이	1회
二回 니카이	2회
三回 상카이	3회

まい
枚
마이

종이·손수건·접시 등

一枚 이치마이	한 장
二枚 니마이	두 장
三枚 삼마이	세 장

かい
階
카이

건물의 층

一階 익카이	1층
二階 니카이	2층
三階 상가이	3층

5

음식 단어
맛보기

아래 빈칸에 각각의 발음에 맞는 '히라가나'를 써보세요.

초밥

광어
히라메

1

광어 지느러미
엥가와

2

참치
마구로

3

참치 뱃살
오오토로

4

참치 등살
아카미

5

고등어
사바

6

연어
사-몽

7

연어 알
이쿠라

8

성게
우니

9

소라
사자에

10

가리비
호타테

11

| **1** ひらめ | **2** えんがわ | **3** まぐろ | **4** おおとろ | **5** あかみ | **6** さば |
| **7** さーもん | **8** いくら | **9** うに | **10** さざえ | **11** ほたて | |

108

단새우
아마에비

12

보리새우
쿠루마에비

13

전어
코하다

14

오징어
이카

15

붕장어
아나고

16

도미
타이

17

방어
부리

18

새끼 방어
하마치

19

가리비
호타테가이

20

문어
타코

21

전복
아와비

22

계란
타마고

23

12 あまえび　　13 くるまえび　　14 こはだ　　15 いか　　16 あなご　　17 たい
18 ぶり　　19 はまち　　20 ほたてがい　　21 たこ　　22 あわび　　23 たまご

아래 빈칸에 각각의 발음에 맞는 '가타카나'를 써보세요.

ラーメン・めん
라멘・면
라멘・면 요리

미 소 라ー멩

1

일본의 된장으로 양념한 라멘.

쇼 오 유 라ー멩

2

일본간장으로 양념한 라멘.

시 오 라ー멩

3

소금으로 양념한 라멘.

통 코 츠 라ー멩

4

돼지 뼈로 국물을 우려낸 라멘.

토 리 라ー멩

5

닭 뼈로 국물을 우려낸 라멘.

챠ー 슈ー 라ー멩

6

돼지고기와 중국의 향료로 맛을 낸 라멘.

교 카 이 라ー멩

7

해산물로 국물을 우려낸 라멘.

---

1 ミソラーメン **2** ショウユラーメン **3** シオラーメン
4 トンコツラーメン **5** トリラーメン **6** チャーシューラーメン
7 ギョカイラーメン

8

나가사키라는 항구도시에서 만들어진 면요리.
각종 채소와 해물, 돼지고기를 한데 섞어
볶아서 돼지 뼈를 우려낸 육수를 부어 만든다.

9

여러 종류의 베이스를 우려낸 국물에 고추기름이
섞여 있어서 고소하면서 적당히 맵다.
(수프의 종류는 가게마다 다르다.)

10

여름에 즐겨 먹는 차가운 면 요리. 간장으로 맛을 낸
차가운 닭 육수를 중화 면에 붓고, 그 위에 각종 토핑을
올리고 새콤달콤한 소스와 겨자를 뿌려서 섞어 먹는 요리.

11

つける는 묻힌다는 뜻이다. 면을 국물에 묻혀서(찍어서)
먹는 라멘이다. 굵고 쫄깃한 면을 사용해 씹는 맛을
즐길 수 있다.

---

8 ナガサキチャンポン　　**9** タンタンメン　　**10** ヒヤシチュウカ
11 ツケメン

아래 빈칸에 각각의 발음에 맞는 '히라가나'를 써보세요.

모리 소바

1

차게 식힌 면을 쯔유(간장 국물)에
찍어 먹는 소바.

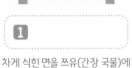

자루 소바

2

모리소바에 자른 김이 얹어져 있는
소바.

토로로 소바

3

마를 갈아 끼얹거나 찍어 먹는 소바.

츠키미 소바

4

날달걀을 넣어 함께 먹는 소바.

키츠네소바

5

큰 유부가 얹어진 소바.

카키아게소바

6

여러 종류의 튀김(てんぷら)이 얹어진 소바.

텐자루 소바

7

자루소바에 각종 모둠 튀김이 곁들여져 나오는 소바.

타누키 소바

8

튀김 부스러기(てんかつ)와 파를 넣은 담백한 소바.

---

1 もりそば　　**2** ざるそば　　**3** とろろそば　　**4** つきみそば　　**5** きつねそば
6 かきあげそば　　**7** てんざるそば　　**8** たぬきそば

아래 빈칸에 각각의 발음에 맞는 '히라가나'를 써보세요.

1

국물만으로 맛을 낸 가장 기본적인
우동으로 파가 추가 되기도 한다.

2

우동에 튀김이 얹어진 우동.

3

튀김 부스러기를 얹어낸 우동.

4

일본식 카레에 우동 면이 들어간다.

5

면을 따로 나온 국물에 담가 먹는 우동.

6

달콤한 유부를 얹은 우동.

7

쯔유로 만든 국물에 차게 만든 우동 면을
담가 먹는다.

8

뜨거운 우동 면에 쯔유와 날달걀,튀김 옷 등을
비벼 먹는 우동.

1 かけうどん **2** てんぷらうどん **3** たぬきうどん **4** かれーうどん **5** かまあげうどん
6 きつねうどん **7** ざるうどん **8** かまたまうどん

아래 빈칸에 각각의 발음에 맞는 '가타카나'를 써보세요.

아래 빈칸에 각각의 발음에 맞는 '가타카나'를 써보세요.

やきとり
야키토리
꼬치 요리

닭 목살
세세리
1

닭 엉덩이
혼지리
2

닭 가슴살
사사미
3

닭 넓적다리살
모모
4

닭 껍데기
토리카와
5

닭 날개
테바사키
6

닭고기 경단
츠쿠네
7

닭똥집
스나기모
8

닭 살코기
토리미
9

닭 염통
코코로
10

닭 간
키모
11

돼지고기 안심
바라
12

소 혀
규우탕
13

1 セセリ	**2** ホンジリ	**3** ササミ	**4** モモ
5 トリカワ	**6** テバサキ	**7** ツクネ	**8** スナギモ
9 トリミ	**10** ココロ	**11** キモ	**12** バラ	**13** ギュウタン

소갈비
규우카루비
14

가리비
호타레가이
21

참마 말이
야마이모마키
28

열빙어
시샤모
15

표고버섯
시이타케
22

은행
긴낭
29

조개관자
카이바시라
16

만가닥 버섯 말이
시메지 마키
23

푸른 차조기 말이
아오지소마키
30

새우
에비
17

연골
낭코츠
24

피망
피-망
31

메추리 알 베이컨
우즈라베-콩
18

팽이버섯 말이
에노키 마키
25

고기와 피망
니쿠피-망
32

오징어
이카
19

마늘
닌니쿠
26

대파
네기
33

오징어 다리
게소
20

양파
타마네기
27

14 ギュウカルビ 15 シシャモ 16 カイバシラ 17 エビ 18 ウズラベーコン 19 イカ 20 ゲソ
21 ホタテガイ 22 シイタケ 23 シメジマキ 24 ナンコツ 25 エノキマキ 26 ニンニク 27 タマネギ
28 ヤマイモマキ 29 ギンナン 30 アオジソマキ 31 ピーマン 32 ニクピーマン 33 ネギ

아래 빈칸에 각각의 발음에 맞는 '히라가나'를 써보세요.

[1]

돈가스 덮밥

[2]

소고기덮밥

[3]

닭고기와 계란덮밥

[4]

돼지고기 덮밥

[5]

장어 덮밥

[6]

새우튀김 덮밥

[7]

튀김 덮밥

---

[1] かつどん **[2]** ぎゅうどん **[3]** おやこどん **[4]** ぶたどん
[5] うなぎどん **[6]** えびどん **[7]** てんどん

우니동

성게 덮밥

8

이쿠라동

연어알 덮밥

9

로코모코동

햄버그 스테이크 덮밥

10

카이센동

해산물 덮밥

11

마구로동

참치회 덮밥

12

코노하동

채소 계란 덮밥

13

사케동

연어 덮밥

14

츄우카동

중화 덮밥

15

8 うにどん	**9** いくらどん	**10** ろこもこどん	**11** かいせんどん
12 まぐろどん	**13** このはどん	**14** さけどん	**15** ちゅうかどん

아래 빈칸에 각각의 발음에 맞는 '히라가나'를 써보세요.

さけ
사케
술

쌀로 빚은 일본식 청주인 사케(**さけ**)는 일본주(**にほんしゅ**)라고도 불린다. 사케는 순수 쌀과 누룩만으로 만들어 깔끔한 맛이 특징이며, 쌀에 따라, 양조장에 따라, 지역에 따라 다양한 맛의 사케들이 존재하기 때문에 그 종류가 엄청나게 많다. 사케는 쌀을 얼마나 깎았느냐에 따라 그 등급이 정해지는데, 쌀을 깎고 남은 비율인 정미율이 낮을수록 사케의 품질이 좋다.

사케 종류

후츠으슈

1

대중적인 일반 사케.
특별한 정미율이나 주조법이 없다.

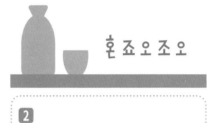

혼죠오조오

2

정미율 70% 이하, 가장 대표적인 사케.

긴죠오

3

정미율 60% 이하, 과일 향과
부드러운 맛의 프리미엄급 사케.

다이긴죠오

4

정미율 50% 이하,
양조 알코올이 들어간 완성도 높은 술.

1 ふつうしゅ   **2** ほんじょうぞう   **3** ぎんじょう   **4** だいぎんじょう

소주(**しょうちゅう**)는 고구마, 밀, 수수, 보리 등으로 증류한 도수가 높은 술이다. 일본에서 소주는 주로 다른 것과 섞어서 희석해 마신다. 이렇게 소주에 물이나 차, 과일 맛이 나는 탄산수를 섞어 마시는 술은 '〜와리(**わり**)' 또는 '〜하이'로 끝난다. '〜사와'로 끝나는 술은 증류주에 신맛이 있는 주스 종류와 설탕 등을 배합해서 만든 칵테일이며, 하이볼은 위스키와 소다를 섞은 것이다. 이 외에도 스프리츠나 리큐어를 탄산음료나 주스 같은 무알코올 음료와 섞은 것도 하이볼이라고 부른다.

칵테일 종류

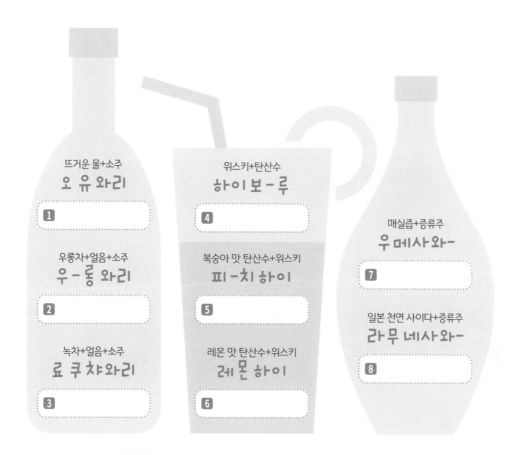

뜨거운 물+소주
오 유 와 리
[1]

위스키+탄산수
하 이 보 - 루
[4]

매실즙+증류주
우 메 사 와 -
[7]

우롱차+얼음+소주
우 - 롱 와 리
[2]

복숭아 맛 탄산수+위스키
피 - 치 하 이
[5]

일본 천연 사이다+증류주
라 무 네 사 와 -
[8]

녹차+얼음+소주
료 쿠 챠 와 리
[3]

레몬 맛 탄산수+위스키
레 몬 하 이
[6]

[1] おゆわり [2] うーろんわり [3] りょくちゃわり [4] はいぼーる
[5] ぴーちはい [6] れもんはい [7] うめさわー [8] らむねさわー

아래 빈칸에 각각의 발음에 맞는 '가타카나'를 써보세요.

そのほか
소노호카
기타

야키니쿠

1

일본식 불고기 화로구이.

규우카츠

2

소고기로 만든 돈가스.

에비후라이

3

새우튀김.

카레-라이스

4

카레라이스.

하야시라이스

5

데미글라스 소스 베이스의 덮밥.

오무라이스

6

오므라이스.

챠-항

7

일본 가정에서 먹는 중국식 볶음밥.

1 ヤキニク   **2** ギュウカツ   **3** エビフライ
4 カレーライス   **5** ハヤシライス   **6** オムライス   **7** チャーハン

샤부샤부

8

국물에 고기, 채소 등을
데쳐 먹는 전골.

스키야키

9

소고기와 갖가지 채소를 간장으로
양념한 국물에 졸여 먹는 전골.

요세나베

10

채소와 해산물을 듬뿍 넣은
모둠 전골.

챵코나베

11

큰 전골에 해산물, 고기, 채소 등을
넣고 끓여 먹는 전골.

모츠나베

12

소의 곱창과 채소를
듬뿍 넣은 전골.

카모나베

13

오리고기와 채소를
듬뿍 넣은 전골.

코나몬 종류

타코야키나 오코노미야키 등 밀가루를 이용해 만드는 음식류 혹은 그런 문화를 '코나몽(コナモン)'이라고 한다.

오코노미야키

14

밀가루 반죽에 고기와 채소 등을
넣어 철판에 굽는 일본식 빈대떡.

타코야키

15

밀가루 반죽에 문어를 넣고
둥글게 구워낸 요리.

야키소바

16

중화 면에 채소, 고기 등을
넣고 볶은 요리.

---

8 シャブシャブ   9 スキヤキ   10 ヨセナベ   11 チャンコナベ   12 モツナベ   13 カモナベ
14 オコノミヤキ   15 タコヤキ   16 ヤキソバ

6

진짜 골목식당
메뉴판 읽기

BEEF&PORK

ビーフ＆ポークの合挽きハンバーグ

柚子の香りと生姜の風味をきかせた甘さの和風ソース。

おすすめ MENU

大根おろしとポン酢できっぱりと。

おろしハンバーグ
150g ¥1,080（税込）

おすすめ MENU

完熟トマトで作ったソースをたっぷりと。

トマトハンバーグ
150g ¥980（税込）

わふう
和風ハンバーグ
150g ¥1,080（税込）

デミハンバーグ 150g ¥980（税込）

チキンとハンバーグで人気のコンビメニュー。

あさくまグリル（チキン）
あさくまハンバーグ120g
チキン200g
¥1,580（税込）

両方食べられるボリュームメニュー。

あさくまグリル（トンテキ）
あさくまハンバーグ120g
トンテキ150g
¥1,680（税込）

ネギをたっぷり、定番の美味しさ。

チキンステーキてり焼き
200g ¥1,030（税込）

大根おろしとポン酢できっぱりと。

チキンステーキおろし
200g ¥1,080（税込）

チーズとトマトでイタリアン。

チキンステーキトマトチーズ
200g ¥1,080（税込）

大根おろしとポン酢できっぱりと。

トンテキマレーナおろし
150g ¥1,180（税込）

香味豊かな特製ジンジャーソース。

トンテキマレーナジンジャー
150g ¥1,130（税込）

揚げ茄子とトマトの酸味が相性◎

トンテキマレーナ茄子トマト
150g ¥1,180（税込）

※全ての料理画像はイメージです。予告なく変更する場合もございますのでご了承ください

BEEF&PORK

ビーフ＆ポークの合挽きハンバーグ

柚子の香りと生姜の風味をきかせた甘さの和風ソース。

おすすめ MENU

おすすめ MENU

무즙 | 햄버그스테이크

오로시 | 함바-구

150g ￥1,080 (제에코미)

토마토 | 햄버그스테이크

토마토 | 함바-구

150g ￥980 (제에코미)

일본식 | 햄버그스테이크

와후우 | 함바-구

150g ￥1,080 (제에코미)

데미글라스 | 햄버그스테이크

데미 | 함바-구   150g ￥980 (제에코미)

チキンとハンバーグで人気のコンビメニュー。

아사쿠마 | 구리루
(가게 이름) | 그릴
(치킨)
(치킨)

両方食べられるボリュームメニュー。

아사쿠마 | 구리루
(가게 이름) | 그릴
(톤테키)
(돼지고기 스테이크)

ネギをたっぷり、定番の美味しさ。

치킨 | 스테-키 | 테리야키
치킨 | 스테이크 | 데리야키

大根おろしとポン酢でさっぱりと。

치킨 | 스테-키 | 오로시
치킨 | 스테이크 | 무즙

チーズとトマトでイタリアン。

치킨 | 스테-키 | 토마토 | 치-즈
치킨 | 스테이크 | 토마토 | 치즈

大根おろしとポン酢でさっぱりと。

톤테키 | 마레-나 | 오로시
돼지고기 스테이크 | (의미 없음) | 무즙

香味豊かな特製ジンジャーソース。

톤테키 | 마레-나 | 진쟈-
돼지고기 스테이크 | (의미 없음) | 생강

揚げ茄子とトマトの酸味が相性◎

톤테키 | 마레-나 | 나스 | 토마토
돼지고기 스테이크 | (의미 없음) | 가지 | 토마토

※全ての料理画像はイメージです。予告なく変更する場合もございますのでご了承ください

や 焼きそば

釜揚げたまご麺使用!
かまあ　　　めん しょう

チャンポンそば ＋ ぎゅうすじ

ふうげつデラックスやきそば
- なみ / ひとたま
- だい / ふたたま

焼きそばはご注文毎に麺をゆで上げますので少々お時間をいただいております。

| ソース やきそば 塩 しおそば | ● なみ / ひとたま | ● なみ / ふたたま | ● とくも / みたま |

チャンポンそば 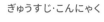ミックス

いか・えび・ぶた・ぎゅうにく

ねぎマヨしおそば

いか・えび

すじこんしょうゆやきそば

ぎゅうすじ・こんにゃく

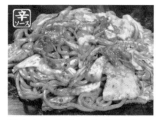

うまからキムチやきそば

いか・ぶた

ねぎごましょうゆやきそば

いか・ぶた

オムそば

いか・ぶた

야키 | 소바 구이 | 메밀국수

카마아게 | 타마고 | 멘 | 시요오!
(솥에 삶아내는 것) | 달걀 | 면 | 사용!

짬뽕 | 메밀국수   소 | 힘줄
챰폰 | 소바 + **규우 | 스지**

후우게츠 | 데락쿠스 | 야키 | 소바
(가게 이름) | 디럭스 | 구이 | 메밀국수

● **나미 / 히토타마** ● **다이 / 후타타마**
중간   1덩이(면)   대   2덩이(면)

야키소바와 | 고츄몬-고토니 | 멘오 | 유데 | 아게마스노데 |
쇼쇼 | 오 | 지캉오 | 이타다이테 | 오리마스.

ソース **야키** | **소바** 구이 | 메밀국수 塩 **시오** | **소바** 소금 | 메밀국수	● **나미 / 히토타마** 중간 1덩이(면)	● **다이 / 후타타마** 대 2덩이(면)	● **토쿠모리 / 미타마** 특대 3덩이(면)

챰폰 | 소바
짬뽕 | 메밀국수

믹쿠스
믹스

이카 · 에비 · 부타 · 규우니쿠
오징어 새우 돼지고기 소고기

네기 | 마요 | 시오 | 소바
파 마요네즈 소금 메밀국수

이카 · 에비
오징어 새우

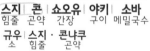

스지 | 콘 | 쇼오유 | 야키 | 소바
힘줄 곤약 간장 구이 메밀국수

규우 | 스지 · 콘냐쿠
소   힘줄   곤약

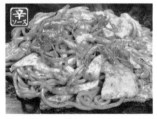

우마카라 | 키무치 | 야키 | 소바
맛있게 맵다 김치 구이 메밀국수

이카 · 부타
오징어 돼지고기

네기 | 고마 | 쇼오유 | 야키 | 소바
파 참깨 간장 구이 메밀국수

이카 · 부타
오징어 돼지고기

오무 | 소바
오믈렛 메밀국수

이카 · 부타
오징어 돼지고기

---

* 스지콘 : 소 힘줄과 곤약을 매콤달콤하게 졸인 일본 음식.   6. 진짜 골목식당 메뉴판 읽기   127

ランチタイム限定
60分制 食べ放題！

お1人様 **1,000**円 （税込 **1,080**円）

焼肉（牛）

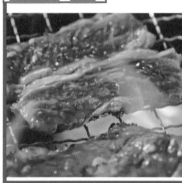

中落ちカルビ

リブロース

売切御免 切り落とし生ハラミ

肩肉

焼肉（豚）

売切御免 切り落とし豚トロ

焼肉（鶏）

鶏ハラミ　　鶏むね　　鶏もも　　鶏ささみ

ご注意

焼肉盛り合わせ

食べ放題ご注文時
まずは焼肉盛り合わせを提供いたします
こちらを完食後にお好きなメニューを
ご注文いただけます

その他　ご飯、スープ、一品

※一品の内容は日替わりとなります
※ご飯、スープ、一品はセルフサービスとなります

128

란치 | 타이무 | 겐테에
런치 타임 한정

로쿠즙푼 | 세에
60분 제
타베 | 호오다이
먹기 마음껏

오히토리사마 **1,000円** (제에코미 **1,080円**)
한 분 세금 포함

야키니쿠(규우)
불고기 소

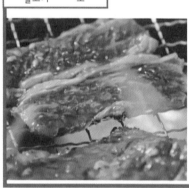

나카오치카루비
등갈비

리부로-스
소 등심살

키리오토시 | 규우 | 하라미
자투리 | 소 | 안창살

売切御免

카타 | 니쿠
어깨 | 고기

야키니쿠(부타)
불고기 돼지

売切御免 | **키리오토시** | **톤토로**
자투리 | 돼지 목살

야키니쿠(토리)
불고기 새

토리하라미 | **토리무네** | **토리모모** | **토리사사미**
닭 안창살 | 닭 가슴살 | 닭다리 | 닭 가슴살의 연한 부분

고츄우이
주의

食べ放題ご注文時
まずは焼肉盛り合わせを提供いたします
こちらを完食後にお好きなメニューを
ご注文いただけます

焼肉盛り合わせ

소노 | 호카
그 | 다른 것

고항, 스-푸, 입핑
밥 수프 일품

※一品の内容は日替わりとなります
※ご飯、スープ、一品はセルフサービスとなります

ゆうがた じゅうごじ
夕方15時から

がんぱち 元八
ちょい飲みメニュー
の

ランチわりびき
12じから2じまで

なま
生ビール
ちゅう中ジョッキ
371円(+税)

アルコールメニュー

		おすすめ	しょうちゅう
なま ちゅう 生中ジョッキ	371円(+税)	レモンハイ	焼酎
生小ジョッキ	278円(+税)	ウーロンハイ	●加江田 かえだ 325円(+税)
しょう びんビール	371円(+税)	カルピスハイ	●風の梟 かぜのふくろう 25円(+税)
おすすめ ハイボール	325円(+税)	各325円(+税)	焼酎ボトルキープできます! 2,130円(+税) しょうちゅう

おつまみメニュー

がんぱちぎょうざ
元八餃子
5個 167円(+税)

どて煮
297円(+税)
てんちょう
店長おすすめ!

さんしゅ
おつまみ3種盛り
269円(+税)も

ねぎチャーシュー
269円(+税)

えだまめ
枝まめ
93円(+税)

フライドポテト
204円(+税)

はるまき
春巻
1本 93円(+税)

あぎょうざ
揚げ餃子
5個 167円(+税)

とりからあ
鶏の唐揚げ
3個 186円(+税)

あまから
甘辛唐揚げ
3個 2かぞう円(+税)

〆はやっぱり、らーめん!

130

유우가타 | 쥬우고지카라
저녁 | 15시부터

감파치
(가게 이름)

쵸이 | 노미
잠깐 | 마시기

메뉴―
메뉴

란치	와리비키
점심	할인
쥬우니지	**카라**	**니지**	**마데**
12시	부터	2시	까지

아루코―루 알코올
메뉴― 메뉴

오스스메 (おすすめ)

나마 | 츄우 | 족키 생 | 중간 | 맥주잔
나마 | 쇼오 | 족키 생 | 소 | 맥주잔
빙비―루 병맥주
오스스메 (おすすめ)
하이보―루 하이볼

레몬 | 하이 레몬 하이볼
우―롱 | 하이 우롱차 하이볼
카루피스 | 하이 칼피스 하이볼

쇼오츄우 소주
● **카에다** (브랜드 명)
● **카제노후쿠로오** (브랜드 명)

쇼오츄우 | 보토루 | 키―푸 | 데키마스!
소주 | 병(술) | 킵 | 할 수 있습니다!
소주병 보관할 수 있습니다.

나마비―루
생맥주
츄우 | **족키**
중간 | 맥주잔

오츠마미 가벼운안주
메뉴― 메뉴

감파치 | 교오자
(가게 이름) | 교자

도테니
도테니

텐쵸오 | 오스스메
점장 | 추천

오츠마미 | **산슈** | **모리**
마른안주 | 3종 | 담음

네기 | **챠―슈―**
파 | 차슈

에다마메
풋콩

후라이도 | **포테토**
튀김 | 감자

하루마키
스프링 롤

아게 | **교오자**
튀김 | 교자

토리 | **노** | **카라아게**
새 | 의 | 튀김

아마카라 | **카라아게**
매콤달콤 | 튀김

〆はやっぱり、らーめん！

※ 도테니 : 소 힘줄을 된장, 미림 등으로 찐 요리.

こだわり鉄板焼!一品!

玉子鉄板

豚ぺい焼　　　　　¥380
モッチーズ玉子焼　¥380
すじコンにら玉　　¥380

牛鉄板

ホルモン味噌焼　¥480
牛ハラミ スタミナ焼　¥680
牛タンステーキ　　¥680

鶏鉄板

ずり焼　¥380
かわ焼　¥380
鶏もも鉄板焼　¥380
せせり焼　¥480

特撰

馬刺し　¥680
さくらユッケ　¥680

サラダ

明太子ポテトサラダ ¥280
パクチーサラダ　¥380
シーザーサラダ　¥380

女性に人気

鉄板逸品

いかのゲソ鉄板焼　¥380
山芋とろろ鉄板焼　¥380
豚バラキムチ炒め　¥480

野菜鉄板

とまとチーズ焼　¥380
アボカドチーズ　¥380
にんにく野菜炒め　¥380
長芋鉄板焼　¥480

名物

牛すじ煮込み　¥380
黒豚ひとくち餃子　¥380

おつまみ

えだまめ　　　　　¥180
オニオンスライス　¥180
キムチ　　　　　　¥180
明石だこのたこわさび ¥180
壺Q　　　　　　　¥280
にがり豆腐 冷奴　¥280
なすの浅漬け　　　¥280

〆の一品

ぼっかけガーリック
チャーハン ¥580
そばめし　¥580
ご飯セット　¥200

デザート

バニラアイス ¥120
フローズン
レモンバニラ ¥180

※表示価格は税別です。　※お米は国産米を使用しています。

132

코다와리 텝팡 야키! 입핑!
고집 철판 구이! 일품!

타마고 텝팡
달걀 | 철판

톰페에야키 돈페이야키
못치-즈 | 타마고야키 (일본 치즈 종류) | 달걀 프라이
스지 | 콘 | 니라 | 타마 힘줄 | 곤약 | 부추 | 달걀 **¥380**

규우 텝팡
소 | 철판

호루몬 | 미소 | 야키
내장 | 된장 | 구이 **480**
규우 | 하라미 | 스타미나 | 야키
소 | 안창살 | 스태미나 | 구이
규우 | 탄 | 스테-키 소 | 혀 | 스테이크 **¥680**

토리 텝팡
새 | 철판

즈리 | 야키   카와 | 야키 껍질 | 구이
모래주머니 | 구이 **¥380**   **¥380**
토리모모 | 텝핑 | 야키
닭다리 | 철판 | 구이 **¥380**

세세리 | 야키 목살 | 구이 **¥480**

토쿠센
특선

바사시 말 회 **¥680**
사쿠라육케 말 육회

텝팡 입핑
철판 | 일품

이카 | 노 | 게소 | 텝팡 | 야키
오징어 | 의 | 다리 | 철판 | 구이 **¥380**
야마이모 | 토로로 | 텝팡 | 야키
마 (마를 간 것) | 철판 | 구이
부타바라 | 키무치 | 이타메
삼겹살 | 김치 | 볶음 **¥480**

야사이 텝팡
채소 | 철판

토마토 | 치-즈 | 야키 **¥380**
토마토 | 치즈구이

아보카도 | 치-즈
아보카도 | 치즈 **¥380**
닌니쿠 | 야사이 | 이타메
마늘 | 채소 | 볶음 **¥380**
나가이모 | 텝팡 | 야키 **¥480**
참마 | 철판 | 구이

메에부츠
명물

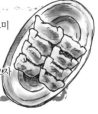

규우 | 스지 | 니코미
소 | 힘줄 | 찜 **¥380**

큐모부타 | 히토쿠치 | 교오자
돼지 | 한입 | 교자 **¥380**

오츠마미
가벼운 안주

에다마메 풋콩 **¥180**
오니온 | 스라이스 어니언 | 슬라이스
키무치 김치 **¥180**
아카시다코 | 노 | 타코 | 와사비 왜문어 | 의 | 문어 | 와사비
츠보 | 큐 항아리 | 오이 **¥280**
니가리 | 토오후 | 히야약코 간수 | 두부 (일본식 냉두부)
나스 | 노 | 아사즈케 가지 | 의 | 채소절임

사라다
샐러드

멘타이코 | 포테토 | 사라다
명란젓 | 감자 | 샐러드
파쿠치- | 사라다 고수 | 샐러드
시-자-사라다 시저 샐러드

메 | 노 | 입핑
밥 | 의 | 일품

복카케 | 가-릭쿠 | 챠-항
봇카케 | 갈릭 | 볶음밥 **¥580**
소바 | 메시
메밀국수 | 밥 **¥580**
고한 | 셋토 밥 | 세트 **¥200**

데자-토
디저트

바니라 | 아이스
바닐라 | 아이스크림
후로-즌 | 레몸 | 바니라
냉동 | 레몬 | 바닐라

※表示価格は税別です。　※お米は国産米を使用しています。

* 돈페이야키 : 돼지고기를 넣은 계란말이. 일본 음식 중 하나.
* 큐 : 일본어로 오이는 '큐우리'입니다. 발음이 비슷한 알파벳 'Q'으로 줄여 표기한 일종의 말장난입니다.
* 메 : '밥'이라는 뜻의 '메시(メシ)'의 줄임말.

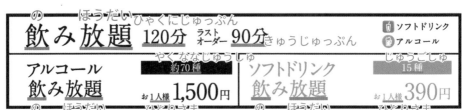

飲み放題 120分 ラストオーダー 90分

(の) (ほうだい) (ひゃくにじゅっぷん) (きゅうじゅっぷん)

- ソフトドリンク
- アルコール

アルコール 飲み放題	約70種 (やくななじゅうしゅ) お1人様 1,500円 (ひとりさま)	ソフトドリンク 飲み放題	15種 (じゅうごしゅ) お1人様 390円 (ひとりさま)

(の) (ほうだい) (の) (ほうだい)

Whisky ウィスキー

乾杯！ (かんぱい)
ハイボールのコツは
クリアなこと。

NIKKA WHISKY
BLACK
Clear
ブラックニッカ クリア

- ハイボール　500円
- ゆずハイボール　500円
- 桃ハイボール　500円 (もも)
- 梅ハイボール　500円 (うめ)
- グレープフルーツハイボール 500円

- ブラックニッカクリア　500円

懐かしい味わい (なつ) (あじ)
カクテル

- カンパリソーダ
　480円
- カンパリオレンジ 480円
- カンパリりんご　480円

Beer ビール

- アサヒ スーパードライ
　　　　　　　　　490円

Sour サワー

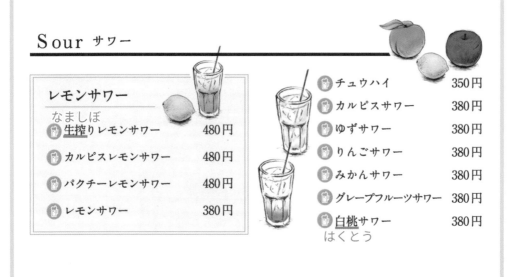

レモンサワー

- 生搾りレモンサワー (なましぼ)　480円
- カルピスレモンサワー　480円
- パクチーレモンサワー　480円
- レモンサワー　380円

- チュウハイ　350円
- カルピスサワー　380円
- ゆずサワー　380円
- りんごサワー　380円
- みかんサワー　380円
- グレープフルーツサワー　380円
- 白桃サワー　380円 (はくとう)

정해진 시간 동안 먹거나 마시는 것을 무한리필할 수 있는 것

노미 호오다이	햐쿠니쥬우풍	라스토	오-다-	큐우쥬우풍	🥤 소후토도링쿠
마시기 마음껏	120분	마지막	주문	90분	🍺 아루코-루

아루코-루	야쿠나나쥬우슈	소후토도링쿠	쥬우고슈
알코올	약 70종	소프트드링크	15종
노미 호오다이	오히토리사마 한 분 **1,500**円	노미 호오다이	오히토리사마 한 분 **390**円
마시기 마음껏		마시기 마음껏	

Whisky 우이스키-

캄파이!
건배!

NIKKA WHISKY
BLACK
Clear
ブラックニッカ クリア

🍺 하이보-루 하이볼 **500**円
🥤 유즈 하이보-루 유자 하이볼
🥤 모모 하이보-루 복숭아 하이볼
🥤 우메 하이보-루 매실 하이볼
🥤 구레-푸후루-츠 하이보-루 자몽 하이볼

🍺 부락쿠 닉카 쿠리아 **500**円
　　블랙 (브랜드명) 클리어

나츠카시이 아지와이 카쿠테루 그립다 맛 칵테일

🍺 캄파리 소-다 **480**円
　 캄파리 소다
🥤 캄파리 오렌지 캄파리 오렌지
🥤 캄파리 링고 캄파리 사과

Beer 비-루

🍺 아사히 스-파- 도라이 **490**円
　 (브랜드명) 수퍼 드라이

Sour 사와-

레몬 사와- 레몬 사와

🍺 나마시보리 레몬 사와- **480**円
　 생 착즙 레몬 사와
🍺 카루피스 레몬 사와- **480**円
　 칼피스 레몬 사와
🍺 파쿠치- 레몬 사와- **480**円
　 고수 레몬 사와
🍺 레몬 사와- **380**円
　 레몬 사와

🥤 츄우하이 츄하이 **350**円
🥤 카루피스 사와- 칼피스 사와 **380**円
🥤 유즈 사와- 유자 사와 **380**円
🥤 링고 사와- 사과 사와 **380**円
🥤 미칸 사와- 귤 사와 **380**円
🥤 구레-푸후루-츠 사와- 자몽 사와
🥤 하쿠토오 사와- 백도 사와 **380**円

しるづけ
みそ汁付
※そば・うどんセットに
みそ汁はつきません。

※季節や天候により商品内容が一部異なる場合がございます。

おおも
◆ ごはん **大盛り** 93円（税込）**100円**
こも **小盛り** 47円（税込）**50円**

めいぶつ
名物

てんどん
天丼
484円（税込**510円**）

海老・いか・白身魚
かぼちゃ・いんげん
※白身魚は海域やエサにより
匂いに個体差があります。
ご了承ください。

**スタミナ
アップ！**

プラス
100円で
大盛り
おおも

720円
（税込**810円**）

牛肉の量が2倍のボリューム満点、
牛肉をガッツリと味わいたい方に
おすすめのスタミナメニュー
です！玉子と絡めてどうぞ！

ていばん
定番
メニュー

こくさん
国産

きつねうどん
463円（税込**500円**）

なべーや
鍋焼きうどん
676円（税込**730円**）

キムチうどん
621円（税込**670円**）

カレーうどん
538円（税込**580円**）

ごちそう

ねぎ
葱そば
815円（税込**880円**）

おにぎり 2個
200円（税込**220円**）

おもち
294円（税込**310円**）

ジャンボいなり 2個
280円（税込**300円**）

136

된장국 포함
미소시루I 즈케

※소바・우동・셋토니 소바・우동 세트에
미소시루와・츠키마셍 된장국은 포함되지 않습니다

계절이나 날씨에 따라 상품내용이 일부 달라지는 경우가 있습니다.
※키세츠야 텐코오니요리 쇼오힌나이요오가 이치부 코토나루 바아이가 아리마스.

◆ 고향밥 오오모리 93엔 (제에코미 100엔)
코모리 47엔 (제에코미 50엔)

테이방 메뉴우-
단골 메뉴

명물 메이부츠
텐동 튀김덮밥
484엔 세금포함 (제에코미 510엔)

에비새우・이카오징어・시로미자카나
흰살생선・카보챠호박・인겐연근

※흰살생선은 해역이나 먹이에 따라
시로미자카나와 카이이키야 에사니요리
냄새에 개체 차이가 있습니다.
니오이니 코타이사가 아리마스.
양해를 바랍니다.
고료오쇼오 쿠다사이.

쿠산 고쿠산
유부 우동
키츠네 우동
463엔 세금포함 (제에코미 500엔)

카레 우동
카레- 우동
538엔 세금포함 (제에코미 580엔)

냄비요리 우동
나베야키 우동
676엔 세금포함 (제에코미 730엔)

김치 우동
기무치 우동
621엔 세금포함 (제에코미 670엔)

고치소오 일미
파 소바
네기 소바
815엔 세금포함 (제에코미 880엔)

스타미나 압뿌! 스테미너 업!

뿌라스플러스 햐쿠엔데 오오모리 100엔으로 사이즈 업

720엔
세금포함
(제에코미 810엔)

규우니쿠노 쇠고기의・료오가 양이
니바이노 2배인・보류-무만텐 볼륨 만점
규우니쿠오 소고기를・갓츠리토 마음껏
아지와이타이 맛보고 싶은・카타니 분께
오스스메노 추천하는・스타미나메뉴
스태미너 메뉴・데스요 입니다・타마고토 계란과
카라메테 섞어서・도오조! 드셔보세요!

주먹밥 두 개
오니기리 니코
200엔 세금포함 (제에코미 220엔)

떡
오모치 떡
294엔 세금포함 (제에코미 310엔)

점보 유부초밥 두 개
잼보 이나리 니코
280엔 세금포함 (제에코미 300엔)

---

* 제에코미 : 세금을 포함한 가격을 제에코미라고 한다.

6. 진짜 골목식당 메뉴판 읽기 137

※ **表示価格は全て本体価格(税抜価格)です。**

Coffee & Espresso

以下は全て+¥50でディカフェに変更できます。
(一部店舗は対象外となります。)

	レギュラー	ラージ
ドリップコーヒー	300	340
カフェアメリカーノ	320	360
カフェラッテ	370	410
カプチーノ	370	410
キャラメルマキアート	420	460
カフェモカ	440	480
ホワイトモカ	440	480

Non Coffee

	ホット	アイス
バニラチョコレート	400	450
抹茶 ティーラテ	430	470
ゆず シトラス ティー	370	410
チャイティーラテ	370	410
ほうじ茶	340	380
アールグレイ	340	380
カモミール	340	380
ミント シトラス	340	380

Food menu

※商品の一部を予告なく変更、終了することがありますので、あらかじめご了承ください。

サンドイッチ A ¥410
生ハム・ボンレスハム・
ボローニャソーセージ

サンドイッチ B ¥480
エビ・サーモン・
カマンベール

ホットドッグ
¥260

新しいメニュー

おすすめ

ベジタリアンサンドイッチ
大豆のミート 豆と野菜の
トマトサンド ¥450

トースト
¥440

チーズトースト
¥250

クロックムシュ
¥330

138

※ 표시가격은　모두　자체가격(세금 미포함 가격)　입니다.
※효오지카카쿠와 | 스베테 | 혼타이카카쿠(제에누키카카쿠) | 데스.

Coffee & Espresso

이하는　모두　플러스　50엔으로 디카페인으로　변경　가능합니다.
이카와 | 스베테 | 푸라스 | 고쥬엔데 | 디카훼니 | 헨코오 | 데키마스.
일부　점포는　대상에서 제외됩니다.
이치부　텐포와　타이쇼오가이토 나리마스.

	레규라- 레귤러	라지 라지
도립푸	코-히- 드립	커피	300	340
카훼	아메리카-노 카페	아메리카노	320	360
카훼	랏테 카페	라떼	370	410
카푸지-노 카푸치노	370	410
캬라메루	마키아-토 카라멜	마끼아또	420	460
카훼	모카 카페	모카	440	480
호와이토	모카 화이트	모카	440	480

Non Coffee

	홋토 핫	아이스 아이스
바니라	쵸코레-토 바닐라	초콜릿	400	450
맛챠	티-라테 말차	티 라떼	430	470
유즈	시토라스	티- 유자	시트러스	티	370	410
챠이	티-라테 차이	티 라떼	370	410
*호오지챠 호지차	340	380
아-루그레- 얼 그레이	340	380
카모미-루 카모마일	340	380
민토	시토라스 민트	시트러스	340	380

Food menu

상품의　일부를　예고없이　변경, 종료하는　일이　있기 때문에
※쇼오힌노 | 이치부오 | 요코쿠나쿠 | 헨코, 슈우료오스루 | 코토가 | 아리마스노데 |
아라카지메 | 고료오쇼오 | 쿠다사이.
사전에　양해를　바랍니다.

샌드위치
산도밋치 A ¥410
나마하무 생햄 · 본레스하무 본레스햄 ·
보로-냐 | 소-세-지 볼로냐 | 소세지

샌드위치
산도밋치 B ¥480
에비 새우 · 사-몬 연어 ·
카맘베-르 카망베르

핫도그
홋토독구
¥260

새로운
아타라시이
메뉴-
메뉴

오스스메 추천☆
채식 | 샌드위치
베지타리안 | 산도밋치
다이즈노미-토 콩고기 | 아메토 콩과 |
야사이노 야채의 | 토마토산도 토마토샌드위치
¥450

토스트
토-스토
¥440

치즈 | 토스트
지-즈 | 토-스토
¥250

크로크 무슈
쿠록쿠무슈
¥330

すべての
しょうひん
商品が
お持ち帰り
も　かえ
できます

モーニング セット　¥50

サンドイッチ + ドリンク メニュー　★ディスカウント★

ごぜん 午前
10:30
まで

A セット　ベーコンエッグ
&厚切りバターサンド
あつぎ

¥720

いちーばん 一番
にんーき! 人気!

B セット　ハムチーズ
レタスサンドイッチ

¥700

C セット　カリカリ
チキンサンドイッチ

¥750

D セット　フレッシュ
サーモンサンド

¥740

ひょうじかかく　　　ぜいこみかかく
※表示価格はすべて税込価格です。

デザート セット　¥50

★ディスカウント★

セットドリンクは、コーヒー・
オレンジジュース・紅茶こうちゃ
カフェインレスのミルク珈琲から
お選びいただけます。コーヒー
　　　　　　　　　えら

E セット　ロールケーキ

¥450

F セット　アップルパイ

¥420

G セット　チョコレート
クッキー

¥400

H セット　くまーもとけんさん わ ぐり
熊本県産和栗の
モンブラン

¥500

I セット　ベイクド
チーズケーキ

¥430

J セット　ほっーかいーどう さん
北海道産
かぼちゃのタルト

¥400

じょうーひんーいちーぶーよーこく　へんーこう　　　　　　　　りょうーしょう
※商品の一部を予告なく変更、終了することがありますので、あらかじめご了承ください。
　　　　　　　　　　　しゅうーりょう

모-닝구 셋토 모닝 세트 ¥50 ★디스카운토★ 할인

오전 고젠 10:30 마데 까지

산도잇치 + 도링쿠 메뉴
-샌드위치- -드링크- -메뉴-

스베테노 모든 쇼오힌가 상품이 오모치카에리 데이크아웃 데키마스 가능합니다

A 셋토 세트
베이컨 에그
베-콘 엑구 & 후토키리 바타- 산도
두껍게 썬 버터 샌드
¥720

이치반 닌키! 가장 인기

B 셋토 세트
햄 치즈
하무 치-즈 레타스 산도잇치
양상추 샌드위치
¥700

C 셋토 세트
바삭바삭
카리카리 치킨 산도잇치
치킨 샌드위치
¥750

D 셋토 세트
프레쉬
후렛슈 사-몬 산도
연어 샌드
¥740

표시가격은 전부 세금포함가격 입니다.
※효오지카카쿠와 스베테 제에코미카카쿠 데스.

데자-토 셋토 디저트 세트 ¥50 ★디스카운토★ 할인

셋토 도링쿠와, 코-히-・셋토 드링크는, 커피・
오렌지쥬-스・코오챠 오렌지주스・ 홍차
카훼인레스노 미루쿠코-히- 카라 카페인리스의 밀크커피 에서
오에라비이타다케마스. 고르실 수 있습니다

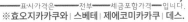

E 셋토 세트
롤케익
로-루케-키
¥450

F 셋토 세트
애플파이
압푸루파이
¥420

G 셋토 세트
초콜릿
쵸코레-토 쿡키-
쿠키
¥400

H 셋토 세트
구마모토현 산
쿠마모토켄 산 와쿠리 노 몬부랑
일본밤 ~의 몽블랑
¥500

I 셋토 세트
베이크드
베이쿠도 치-즈 케-키
치즈 케익
¥430

J 셋토 세트
홋카이도 산
홋카이도오 산 카보챠 노 타르토
호박 ~의 타르트
¥400

상품의 일부를 예고없이 변경 종료하는 경우가 있으므로 사전에 양해를 바랍니다.
※쇼오힌노 이치부오 요코쿠나쿠 헨케에 슈우료오스루 코토가 아리마스노데 아라카지메 고료오쇼오 쿠다사이.

#ダイエットは明日から

**究極の生クリームのストロベリー
ミルクパンケーキ** **¥895**(税込 ¥983)

焼きたてのオリジナルパンケーキに、原料と製法に
こだわった究極の生クリームをたっぷりとかけてます!

#大人気

new!

**究極の生クリームの
ハニーミルクバナナ
パンケーキ**

¥990(税込 ¥1090)

#スイーツボム

**せんべいにのせた
特製ジェラート**
¥785(税込 ¥865)

**ミルキージェラート
ドリンクセット**

¥780(税込 ¥860)

#コンフォートフード

―――― ドリンク ――――

hot beverages

★ ホットコーヒー ―――――――― ¥410
★ カフェラテ ―――――――――― ¥460
★ エスプレッソ ――――――――― ¥410
★ ホットハニーミルク ―――――― ¥410
★ ホットココア ――――――――― ¥410
★ 紅茶 ―――――――――――― ¥410
★ 青森のアップルティー ―――――― ¥410
★ レッドティー ――――――――― ¥410
　（ローズヒップとハイビスカス）
★ マシュマロホットチョコレート ――― ¥510

cold beverages

★ アイスコーヒー ―――――――― ¥410
★ アイスカフェラテ ―――――――― ¥460
★ アイスティ ―――――――――― ¥410
★ 津軽りんご100%ジュース ――――― ¥450
★ コーラ ――――――――――― ¥410
★ みしまサイダ ――――――――― ¥410
★ 青森シードル (アルコール) ――――― ¥660
★ ビール ピルスナー (アルコール) ――― ¥410
★ 奥入瀬 ビール ピルスナー ――――― ¥660
　　　　　　　　(アルコール)

다이어트는 #다이엣토와 ~부터 아시타 카라 내일

궁극의 큐우쿄쿠노 | 생크림 나마크리-무 | 딸기 스토로베리- | 밀크 미루쿠 | 팬케이크 판케-키

¥895 세금포함 (제에코미 ¥983)

갓 구운 야키타테노 | 오리지널 오리지나루 | 팬케이크에 판-케키니, | 원료와 겐료토 | 제조법을 세이호니
고집한 코다왓타 | 궁극의 큐코쿠노 | 생크림을 나마쿠리-무오 | 듬뿍 탑푸리토 | 뿌리고있습니다! 카케테마스!

대인기 #다이닌키 new!

큐우쿄쿠노 궁극의 나마크리-무 | 노 생크림 ~의 하니- | 미루쿠 허니 | 밀크 바나나 | 판케-키 바나나 | 팬케이크

¥990 세금포함 (제에코미 ¥1090)

스위트 #스이-츠 | 밤 보무

밀키 미루키- | 젤라토 제라-토 드링크 도링쿠 | 세트 셋토

¥780 세금포함 (제에코미 ¥860)

전병에 센베에니 | 얹은 노세타 특제 토쿠세에 | 젤라토 제라-토

¥785 세금포함 (제에코미 ¥865)

컴포트 #콤포-토 | 푸드 후-도

드링크 도링쿠

hot beverages

핫 커피 ★ 홋토 코-히-	¥410
카페라떼 ★ 카훼라테	¥460
에스프레소 ★ 에스프렛소	¥410
핫 허니 밀크 ★ 홋토 하니- 미루쿠	¥410
핫 코코아 ★ 홋토 코코아	¥410
홍차 ★ 코오챠	¥410
아오모리 ~의 애플파이 ★ 아오모리 노 압푸루파이	¥410
레드 티 ★ 렛도 티-	¥410
(로-즈힙푸 토 하이비스카스) 로즈힙 ~과 히비스커스 마시멜로 핫 초콜릿 ★ 마슈마로 홋토 쵸코레-토	¥510

cold beverages

아이스 커피 ★ 아이스 코-히-	¥410
아이스 카페라떼 ★ 아이스 카훼라테	¥460
아이스 티 ★ 아이스 티	¥410
쓰가루 사과 주스 ★ 츠가루 링고 100% 쥬-스	¥450
콜라 ★ 코-라	¥410
브랜드 사이다 ★ 미시마 사이다	¥410
아오모리 사과주 알콜 ★ 아오모리 시-도루 (아루코-루)	¥660
맥주 필스너 알콜 ★ 비-루 피루스나- (아루코-루)	¥410
브랜드 맥주 필스너 ★ 오이라세 비-루 피루스나-	¥660
(아루코-루) 알콜	

* 아오모리 : 일본 사과의 절반을 생산하는 지역.
* 쓰가루 사과 : 흔히 아오리 사과라고 불리는 사과 품종의 정식 명칭.

いさき　あなご　むつ　のどぐろ　しらうお　さより　あじ　いわし

コウイカ　ほうぼう　おこぜ　あいなめ　すずき　ホシガレイ　きす　さば

ひらめ　ぶり　まだい　はた　きんめだい　かんぱち　かわはぎ　こはだ

いくら　ぼたんえび　しまえび　ずわいがに　しゃこ　あまえび　しろえび　まぐろ

이와시	아지	사요리	시라우오	노도구로	무츠	아나고	이사키
정어리	전갱이	학꽁치	뱅어	눈볼대	게르치	붕장어	벤자리

사바	키스	호시가레이	스즈키	아이나메	오코제	호오보오	코오이카
고등어	보리멸	범가자미	농어	쥐노래미	쑤기미	성대	갑오징어

코하다	카와하기	칸파치	킨메다이	하타	마다이	부리	히라메
전어	쥐치	잿방어	금눈돔	능성어	참돔	방어	광어

마구로	시로에비	아마에비	샤코	즈와이가니	시마에비	보탄에비	이쿠라
참치	보리새우	단새우	갯가재	대게	꽃새우	도화새우	연어알

L'Arpege

Pan-Fried Shrimp with Caramelized Polenta

海老のポワレポレンタのキャラメリゼ添え

White Asparagus and Egg Velouté Cépe Mushrooms in Hazelnut Oil

卵とホワイトアスパラガスのヴェルーテセップ茸と
ヘーゼルナッツオイル添え

Butter-Roasted the Prefectural Fish with Peppery Nasturtium Sauce
Fresh Herbs Salad from Our Farm

近海鮮魚のポワレペッパー風味ナスタチュームのソース
自家菜園のハーブサラダ添え

Roast Agu Pork from Yanbaru Lightly Smmered Seasonal Vegetables

やんばる島豚あぐーのロースト　季節野菜の軽い煮込み

Avant Dessert

アヴァンデセール

Millfeuille of Almond Tuil and Strawberries

アーモンドチュイルと苺のミルフィーユ

Petits Fours

プティフール

Coffee or Tea

コーヒー又は紅茶

¥25,000

しょうひぜいふく
ひょうじーりょうきん表示料金には消費税が含まれております。
また、別途サービス料を加算させていただきます。
べっと　　　りょうかさん

---

* 푸알레 : 프랑스 요리에서 버터 등 유지를 넣고 프라이팬에서 가열하는 조리법.
* 폴렌타 : 거칠게 간 옥수수 가루인 콘밀을 쑤어 만든 음식.
* 캐러멜리제 : 설탕 따위의 당류에 열을 가하여, 갈변시켜 만든 간식.
* 블루테 : 걸쭉한 농도의 크림 스프.
* 세프 버섯 : 프랑스 요리에 주로 사용되는 그물버섯.

L'Arpège

Pan-Fried Shrimp with Caramelized Polenta

에비노 *포와레 *포렌타노 *캬라메리제 조에
새우의 푸알레 폴렌타의 캐러멜리제를 곁들인

White Asparagus and Egg Velouté Cèpe Mushrooms in Hazelnut Oil

타마고토 호와이토아스파라가스노 베르테 *셉푸키노코토
계란과 화이트 아스파라거스의 블루테 세프 버섯과

헤-제루낫츠 오이루 조에
헤이즐넛 오일을 곁들인

Butter-Roasted the Prefectural Fish with Peppery Nasturtium Sauce
Fresh Herbs Salad from Our Farm

킨카이센교노 포와레 펩파-후우미 나스타츄-무노 소-스
근해생선의 푸알레 후추 풍미 나스터튬(허브)의 소스

지카사이엔노 하-브사라다 조에
자가 텃밭의 허브 샐러드를 곁들인

Roast Agu Pork from Yanbaru Lightly Simmered Seasonal Vegetables

*얀바루 시마부타 *아구-노 로스토 키세츠야사이노 카루이 니코미
얀바루 섬돼지 아구 품종의 로스구이와 제철 야채의 가볍게 데친

Avant Dessert

*아방데세-루
아방 데셀

Millfeuille of Almond Tuil and Strawberries

아-몬도 *츄이루도 이치고노 *미루휘-유
아몬드 튀일과 딸기의 밀피유

Petits Fours

*푸티후-루
프티 푸르

Coffee or Tea

코-히-마타와 코오챠
커피 또는 홍차

¥25,000

표시요금은 소비세가 포함되어 있습니다.
효오지료킨니와 쇼오히제이가 후쿠마레테오리마스.

마타, 벳토 사비스-료오 카산사세테이타다키마스.
또, 별도 서비스료를 가산하겠습니다.

---

* 아구 : 오키나와의 고유 재래 품종 돼지.
* 아방 데셀 : 처음 제공되는 디저트.
* 튀일 : 달달하거나 짭짤한 맛을 내는 프랑스의 매우 얇은 웨이퍼.
* 밀피유 : 밀가루 반죽을 여러 겹의 층상 구조로 만들어 바삭하게 구운 프랑스식 과자.
* 푸티 푸르 : 식후에 커피나 차와 함께 먹는 작은 케이크.

逸品 カスタムラーメン

あっさりめ/油っこめ				ねぎ・もやしの量				
あっさり	普通	油っこめ		なし	少なめ	普通	多め	ダブル

麺のかたさ					醤油の濃さ		
粉落とし	バリカタ	硬め	普通	柔らかめ	うすめ	普通	濃いめ

熟成醤油 チャーシュー麺 （税込1030円）930円

熟成醤油 肉そばつけ麺 （税込913円）830円

熟成醤油 辛肉そば （税込913円）830円

熟成醤油 野菜肉そば 野菜たっぷり （税込913円）830円

ねぎ 醤油とんこつ （税込913円）830円

魚介の出汁が効いたマイルドなみそベースのスープ
からみそラーメン （税込913円）830円

濃厚魚介 新味（白）つけ麺 （税込1200円）1110円

元祖スタミナ 満点ラーメン （税込1404円）1300円

熟成味噌 もやしラーメン （税込1034円）930円

煮干し豚骨 ラーメン （税込1034円）930円

究極の白湯スープと醤油のハーモニー!
新味（白）ラーメン （税込1030円）930円

中華蕎麦風 つけめん （税込1100円）1000円

プレミアム とんこつラーメン （税込1200円）1110円

みそ台湾 まぜそば （税込1034円）930円

黒ごま担々 まぜそば （税込1034円）930円

トッピング

麺大盛り 130円（税込145円）	替え玉 150円（税込165円）	味玉 100円（税込110円）
生玉子 50円（税込55円）	温泉玉子 110円（税込120円）	チャーシュー2枚 190円（税込209円）
メンマ増量 140円（税込154円）	肉増量 190円（税込209円）	茹で野菜 140円（税込154円）

極旨 チャーシュー麺 830円

※写真はイメージです。

일품 **입핑** 커스텀 카스타무 라멘

깔끔하게 / 기름지게
앗사리메 / 아부락코메

| 깔끔 앗사리 | 보통 후초우 | 기름지게 아부락코메 |

면의 익힘 정도
멘노 | 카타사

데침 코나오토시 | 설익음 바리카타 | 덜익음 카타메 | 보통 후초우 | 부드럽게 야와라카메

파 · 숙주의 양
네기 · 모야시노 | 료오

| 없음 나시 | 조금 스쿠나메 | 보통 후초우 | 많이 오오메 | 더블 다부루 |

간장의 농도
쇼오유노 | 코사

| 담백하게 우스메 | 보통 후초우 | 진하게 코이에 |

네기 (파) 쇼오유 (간장) 톤코츠
제에코미 913엔

야사이 (야채) 니쿠 (고기) 소바
쥬쿠세에 숙성 쇼오유 간장
제에코미 913엔 소바 830엔
야사이 탑푸리 듬뿍

카라 (매운) 니쿠 (고기) 소바
쥬쿠세에 숙성 쇼오유 간장
제에코미 913엔

카라 (매운) 소바 (소바) 츠케멘
쥬쿠세에 숙성 쇼오유 간장
제에코미 813엔

챠-슈-멘 챠슈면
쥬쿠세에 숙성 쇼오유 간장
제에코미 1030엔

니보시 (멸치) 톤코츠 라-멘
돈코츠
제에코미 913엔

쥬쿠세에 (숙성) 모야시 미소 (된장) 라-멘
제에코미 1034엔

간소 (원조) 스타미나 (스태미너) 만텐 라-멘
만점 제에코미 1404엔

노오코오 코카이 (농후 해산물) 심미 (시로) 츠케멘
신마스(흰색) 제에코미 1200엔

카라 (매운) 미소 (된장) 라-멘
제에코미 913엔

쿠로고마 (검은깨·흑임자) 탄탄마제소바
탄탄마제소바
제에코미 1034엔

미소 (된장) 타이왕 (대만) 마제소바
마제소바
제에코미 1034엔

푸레미아무 (프리미엄) 톤코츠 라-멘
돈코츠
제에코미 1200엔

츄우카 (중화) 소바 (소바·풍) 후우 츠케멘
제에코미 1100엔

심미 (시로·흰색) 라-멘
신맛(흰색)
제에코미 1030엔

톱핑구 토핑

면 멩	곱빼기 오오모리	카에다마 (멘 추가)		아지타마 (맛달걀)	
130엔 (제에코미 145엔)		150엔 (제에코미 165엔)		100엔 (제에코미 110엔)	
나마 (생) 타마고 (달걀)		온센 (온천) 타마고 (달걀)		챠-슈- (챠슈) 니마이 (고기)	
50엔 (제에코미 55엔)		110엔 (제에코미 120엔)		190엔 (제에코미 209엔)	
멤마 (죽순) 조오료오		니쿠 (고기) 조오료오		유데 (데침) 야사이 (야채)	
140엔 (제에코미 154엔)		190엔 (제에코미 209엔)		140엔 (제에코미 154엔)	

고쿠우마 매우 맛있음

챠-슈-멘 차슈면 830엔

사진은 이미지 입니다.
※샤신와 이메-지 데스.

北海道 ミルク
ほっかいどう ミルク

コーン			カップ		
シングル	ダブル	トリプル	シングル	ダブル	トリプル
+0円	+150円	+300円	+0円	+150円	+300円

アイス&ジェラート

※ショーケースからお好きな味をお選びください
す あじ えら

チョコバニラ
のうこう ばにら しよう
濃厚バニラを使用した
ジェラートです
380円

ミルクチョコ
こうひんしつ
高品質なチョコレートと
新鮮なミルクの優しい甘さ
しんせん やさ あま
400円

シナモンバニラ
シナモンとブラック
ペッパーを効かせたフレーバー
380円

パイナップル
ゆた かお にんき
豊かな香りが人気の
フレーバー
400円

チョコミント
かき-けんてい
夏季限定フレーバーと
して発売はつばい
400円

ソフトフルーツ
じょうしつ あじ
上質な味わいの
フレーバーです
420円

キウイ
キウイがたっぷりの
ミルキーなジェラート
400円

レモン
せいりょうかん
清涼感ナンバー1の
フルーツジェラート
400円

**ピーナッツ
キャラメル**
お子様人気不動のNO.1
ごさま **410円**

ウォールナッツ
えいようかだが
栄養価の高いイタリア
ピエモンテのクルミを使用
しよう
400円

バナナ
じゅく
あま甘く熟したバナナの
味わいが楽しめます
あじ **420円**

ストロベリー
つぶつぶ しょっかん
イチゴの粒々食感が
感じられる濃厚ソルベ
かん のうこう **420円**

コーヒー
あま
甘いミルクコーヒー
味のジェラートです
あじ **420円**

オレンジ
ばん-こうひょう
1番好評だった
フレーバーです
400円

アーモンド
ぜいたく
贅沢でクリーミーな
フレーバー
450円

테이크아웃의   고객님
★오모치카에리노 ★오캬쿠사마 ★

츠이카노 | **스푸-운와** | **베츠바이토(5엔)** | 나리마스 | 나니토조 | 고료오쇼오 | 쿠다사이마세
추가적인 | 숟가락은 | 별도 판매 (5엔) | 입니다 | 모쪼록 | 양해 | 부탁드립니다

코-온 콘   캅푸 컵

싱글	더블	트리플	싱글	더블	트리플
싱구루	**다부루**	**토리푸루**	**싱구루**	**다부루**	**토리푸루**
+0엔	+150엔	+300엔	+0엔	+150엔	+300엔

아이스   젤라토
아이스&제라-토

※쇼-케-스카라 | 오스키나 | 아지오 | 오에라비 | 쿠다사이
쇼케이스에서 | 좋아하시는 맛을 | 골라 | 주세요

초코 바닐라 | 밀크 초코 | 시나몬 바닐라 | 파인애플 | 초코 민트
쵸코 바니라 | 미루쿠 쵸코 | 시나몬 바니라 | 파이납푸루 | 쵸코 민토

노오코오 바닐라오 시요오시타 제라-토 데스 / 농후한 바닐라를 사용한 젤라또 입니다

코오힌시츠나 초코레-토토 아야사이 미루쿠노 신센나 미루쿠노 / 고품질의 초콜릿과 신선한 밀크의 부드러운 단맛

시나몬토 브락쿠펩파-오 키카세타 후레-바- / 시나몬과 블랙 페퍼를 가미한 플레이버

유타카나 카오리가 닌키노 후레-바- / 풍부한 향기가 인기있는 플레이버

카키겐테에 후레-바-토 시테 하츠마이 / 여름 한정 플레이버로 발매

소프트후르츠 | 키위 | 레몬 | 피넛 캐러멜 | 월넛
소후토후루-츠 | 키위 | 레몬 | 피-낫츠 캬라메루 | 워-루낫츠

쵸오시츠나 아이와이노 후레-바- 데스 / 고급진 맛이 나는 플레이버 입니다

키위가 탑푸리노 미루쿠-나 제라-토 / 키위가 듬뿍 들어간 밀키한 젤라또

세에료오칸 남바-완노 후루-츠 제라-토 / 청량감 넘버원의 후르츠 젤라또

오코사마 닌키후도-노 NO.1 / 어린이 고객님 인기 부동의 NO.1

에에요오카노 타카이 이타리아 피에몬테노 쿠루미오 시요오 / 영양가가 높은 이탈리아 피에몬데의 호두를 사용

바나나 | 스트로베리 | 커피 | 오렌지 | 아몬드
바나나 | 스토로베리- | 코-히- | 오렌지 | 아-몬도

아마쿠 쥬쿠시타 바나나노 아지와이노 타노시메마스 / 달콤하게 익은 바나나의 맛을 즐길 수 있습니다

이치고노 츠부츠부 슉칸가 칸지라레루 노오코오 소루베 / 딸기의 알갱이 식감이 느껴지는 농후한 소르베

아마이 미루쿠코-히- 아지노 제라-토 데스 / 달콤한 밀크커피 맛의 젤라또 입니다

이치방 코오효오닷타 후레-바- 데스 / 제일 호평받은 플레이버 입니다

제이타쿠데 크리-미나 후레-바- / 호화스럽고 크리미한 플레이버

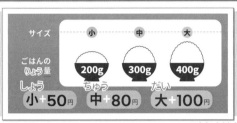

サイズ　　　　小　　　中　　　大

ごはんの
りょう量　　200g　300g　400g

しょう　　　ちゅう　　　だい
小 ＋50円　中 ＋80円　大 ＋100円

しょっけん
食券チケット
発売中
はつばいーちゅう

きほん　ぎゅうどん 基本の牛丼 550円	とん　　にくどん 豚ひき肉丼 675円	てんしんはん 天津飯 700円	どん チャーシュー丼 800円	かばやきーどん 蒲焼丼 850円
ぶた　　　　どん 豚キムチ丼 650円	まい チャーシュー2枚 220円	ぎょうざ 餃子 280円	あじたま 味玉 150円	ライス 100円
どん アボカド丼 750円	ウインナー バター炒め 500円 いた	がゆ ハーフお粥 260円	たまご　　　はん 玉子かけご飯 260円	にーしき　　どん 2色のそぼろ丼 800円
つ　どん マグロの漬け丼 950円	こさま お子様セット 420円	やさい 野菜セット 450円	ひや 冷やっこ 300円	たたききゅうり 300円
たんぴん　あか　ゆ 単品赤マー油 110円	メンマ 130円	おんせんーたまご 温泉玉子 130円	ぜっぴん　　　はん 絶品半チャーハン 370円	カレー 350円
にわとり 鶏白湯ラーメン ぱいたん 950円	にわとり 鶏清湯ラーメン ちんたん 750円	ぎょかい 魚介ラーメン 850円	しお 塩ラーメン 850円	ひつまぶし 2000円
からあげ 390円	おんたま 温玉ごはん 370円	ぎゅうーざら 牛皿 300円	マヨポテト 100円	や 焼きのり 90円

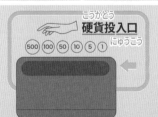

こうかとう
硬貨投入口
にゅうこう
500 100 50 10 5 1

しへいとう
紙幣投入口
にゅうこう
10000 5000

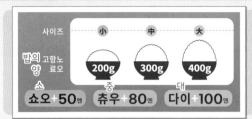

식권 티켓
쇽켄 | 치켓토
하츠바이 | 츄우
발매 | 중

사이즈 · 小 · 中 · 大
밥의 양 고항노 료오 · 200g · 300g · 400g
소 / 중 / 대
쇼오+50엔 · 츄우+80엔 · 다이+100엔

| 기본 ~의소고기덮밥 키혼 노 규우 동 **550엔** | 돼지 다진육 덮밥 부타 히키니쿠 동 **675엔** | *텐신항 **700엔** | 차슈 덮밥 챠-슈- 동 **800엔** | 장어 덮밥 카바야키 동 **850엔** |

| 돼지 김치 덮밥 부타 키무치 동 **650엔** | 차슈 2장 챠-슈- 니마이 **220엔** | 교자 교-자 **280엔** | 맛달걀 아지타마 **150엔** | 밥 라이스 **100엔** |

| 아보카도 덮밥 아보카도 동 **750엔** | 비엔나 버터 우인나- 바타- 이타메 볶음 **500엔** | 하프(반 공기) 죽 하-후 오카유 **260엔** | 계란 끼얹은 밥 타마고 카케 고항 **260엔** | 2색 소보로 덮밥 니쇼쿠노 소보로 동 **800엔** |

| 참치 절임 덮밥 마구로노 츠케 동 **950엔** | 어린이 세트 오코사마 셋토 **420엔** | 야채 세트 야사이 셋토 **450엔** | 냉두부 히야약코 **300엔** | 오이무침 타타키큐우리 **300엔** |

| 단품 *적마유 탐핑 아카마-유 **110엔** | 죽순 멘마 **130엔** | 온천 계란 온센 타마고 **130엔** | 단품 반 공기 볶음밥 탐핑 한 챠-항 **370엔** | 카레 카레- **350엔** |

| 진한닭육수 라멘 토리파이탄 라-멩 **950엔** | 맑은닭육수 라멘 토리친탄 라-멩 **950엔** | 해산물 라멘 교카이 라-멩 **850엔** | 소금 라멘 시오 라-멩 **850엔** | *히츠마부시 **2000엔** |

| 닭튀김 카라아게 **390엔** | 온천달걀 밥 온타마 고항 **370엔** | 소고기 접시 규우 자라 **300엔** | 마요네즈 감자 마요 포테토 **100엔** | 구운 김 야키 노리 **90엔** |

동전 투입구
코우카 토오뉴우코오
500 100 50 10 5 1

지폐 투입구
시헤에 토오뉴우코오
10000 5000 2000 1000

· 텐신항 : 중화풍 오믈렛을 쌀밥에 얹은 다음 점성이 있는 소스를 뿌린 일본 요리.
· 적마유 : 마늘 위주로 향이 강한 채소류와 라드로 낸 향미유 중 빨간 것. (→ 백마유)
· 히츠마부시 : 나고야의 명물로 알려진 장어덮밥 요리의 일종.

走り

真白子軍艦 約60g	六六〇円

大蝦（おおえび）

天使のえび 二貫	四九五〇円
特大ぼたんえび 一貫	五五〇円

逸品

活〆平目　ぶりとろ　数の子 各	三三〇円

にぎり寿司 一人前

お子様寿司	九八〇円
穴子にぎり寿司	二二六〇円
おまかせにぎり	一五七〇円
並にぎり寿司	一四五〇円
中にぎり寿司	一七三〇円
上にぎり寿司	二二二〇円
まぐろにぎり寿司	一五一〇円
中とろにぎり寿司	二八一〇円
大とろにぎり寿司	三八九〇円

ちらし寿司 一人前

並ちらし寿司	九八〇円
中ちらし寿司	一三五〇円
上ちらし寿司	一七三〇円
特上ちらし寿司	二二二〇円
中とろ鉄火丼	二八一〇円
大とろ鉄火丼	三八九〇円
穴子丼	二二六〇円
ねぎとろ丼	一六二〇円
北海丼	一九五〇円
いくら丼	一六二〇円
生うに丼	時価
生うに・いくら丼	時価
バラちらし寿司	一七三〇円

お酒（さけ）

芋焼酎（いもじょうちゅう）	
一升瓶	六〇〇〇円
五合	三〇〇〇円

麦焼酎（むぎじょうちゅう）	
一升瓶	五五〇〇円
五合	二五〇〇円

グラス	
芋焼酎	六〇〇円
麦焼酎	六〇〇円
日本酒	六〇〇円
冷酒	六〇〇円

■営業時間
11:30〜14:00
17:00〜23:00
定休日　水曜日

※出前は二人前からお願い致します

季節のネタを豊富に揃えています
他お好みにより調理いたします

◆当店の寿司米は、岩手県有機米ササニシキ使用

◆体にやさしい天然アルカリイオン水使用

* 관 : 일반적으로 초밥 두 개를 가리키는 단위이나, 고급 재료가 사용된 경우 한 개를 가리키는 단위로도 사용됨.
* 이케지메 : 해산물을 잡은 후 신선도를 오래 유지하고 식감을 좋게 하기 위해 신경을 끊고 즉사시키는 기술.
* 오마카세 : 메뉴에 사용되는 재료 및 요리 방식을 주방장의 재량에 맡기는 것.

니기리즈시(초밥) 이치닌마에 (1인분)

- 대뱃살 오오토로 니기리즈시(초밥) … 三八九○円
- 중뱃살 츄우토로 니기리즈시(초밥) … 二八一○円
- 참치 마구로 니기리즈시(초밥) … 一五一○円
- 상 쬬오 니기리즈시(초밥) … 二一二○円
- 중 츄우 니기리즈시(초밥) … 一七三○円
- 일반 나미 니기리즈시(초밥) … 一四五○円
- ※붕장어 오마카세 니기리 … 一五七○円
- 아나고 니기리즈시(초밥) … 二二六○円
- 어린이 오코사마 스시(초밥) … 九八○円

덮밥 · 동

- 바라치라시즈시 … 一七三○円
- 생 성게 나마우니·이쿠라(연어알) … 시가 지카
- 생 성게알 나마우니 … 시가 지카
- 연어알 이쿠라(덮밥) … 一六二○円
- 홋카이도 홋카이도오(덮밥) … 一九五○円
- 네기토로(덮밥) … 一六二○円
- 장어 아나고(덮밥) … 二二六○円
- 대뱃살 오오토로 뎃카동 … 三八九○円
- 중뱃살 츄우토로 뎃카동 … 二八一○円

※치라시즈시 이치닌마에 (1인분)

- 특상 토쿠죠오 치라시즈시 … 二二○○円
- 상 쬬오 치라시즈시 … 一七三○円
- 중 츄우 치라시즈시 … 一三五○円
- 일반 나미 치라시즈시 … 九八○円

하시리

- 마시라코 군칸 야쿠 (대구이리 군함 약 60g) … 六六○円

오오에비 (천사의 새우, 대하 두관)

- 렌시노 에비 니칸 … 四九五円
- 토쿠다이 보탄에비 익칸 … 五五○円

일핀 (일품)

- 이께지메 히라메 부리효로 카즈노코 카쿠 (광어·방어뱃살·청어알 각) … 三三○円

키세츠노 네타오 호오후니 소로에헤이마스 (계절의 재료를 풍부하게 갖추었습니다)

호카오코노미니요리 쵸오리 이타시마스 (그 밖에 취향에 맞춰 조리해 드립니다)

※데마에와 니닌마에카라 오네가이이타시마스 (배달은 2인분부터 부탁드립니다)

◆ 호오렌소오 시마이와 이와테켄 유우키마이 사사니시키시요오
(당점의 초밥쌀은 이와테현 유기농쌀 사사니시키 사용)

◆ 카라다니 야사시이 렌넨 아루카리이온스이시요오
(몸에 좋은 천연 알칼리 이온수 사용)

오사케 (술)

이모쇼오츄우 (고구마소주)
- 잇쇼오빙 (한 병) … 六○○○円
- 고고오 (5합) … 三○○○円

무기쇼오츄우 (보리소주)
- 잇쇼오빙 (한 병) … 五五○○円
- 고고오 (5합) … 二五○○円

구라스 (글라스, 한 잔)
- 무기쇼오츄우 (보리소주) … 六○○円
- 이모쇼오츄우 (고구마소주) … 六○○円
- 니혼슈 (일본주, 찬술) … 六○○円
- 레이슈 (찬술) … 六○○円

영업시간 (에이교오지칸)
- 11:30~14:00
- 17:00~23:00
- 테이큐우비 스이요비 (정기휴일 수요일)

---

* 치라시즈시 : 식초로 간을 한 밥에 여러 재료를 올려 한 그릇의 덮밥처럼 내놓는 초밥.
* 네기토로 : 비계를 많이 함유한 페이스트 상의 참치에 다진 파를 뿌린 것
* 바라즈시 : 치라시즈시와 비슷하나, 재료를 더 잘게 잘라 올린 것.
* 합 : 10분의 1의 분량. 술 5합은 술 반 병을 의미한다.

ランチ 日替わり（ひがわり）

¥600（税抜 ぜえぬき）
ライスと ずけ スープバー付

1. チキンのチリソース＆焼売（シュマイ）
2. チキン南蛮（なんばん）＆モチ水餃子（すいぎょうざ）
3. チキン竜田甘酢しょうゆ（たつた あまず）＆白身魚フライ（しろみざかな）＆キムチ
4. トンカツ＆モチモチ水餃子（すいぎょうざ）＆ミニ春巻（はるまき）
5. 豚しゃぶ（とん）＆からあげ＆ミニ春巻（はるまき）

ライス大盛り（おおも）無料（むりょう）

ニラレバ炒め（いた）
¥540（税抜）

麻婆豆腐（マーボーどうふ）
¥550（税抜）

海老のチリソース（えび）
¥680（税抜）

カニ玉（たま）
¥480（税抜）

酢豚（すぶた）
¥570（税抜）

ニラ肉炒め（にく・いた）
¥530（税抜）

肉と玉子のいりつけ（にくたまご）
¥550（税抜）

八宝菜（はっぽうさい）
¥520（税抜）

チャーハン
炒飯
¥500（税抜）

焼そば（ソース）（やき）
¥500（税抜）

にんにく餃子（ぎょうざ）
¥290（税抜）

バンバンジー
¥550（税抜）

ユーリンチー
¥580（税抜）

中華飯（ちゅうか・はん）
¥550（税抜）

肉シューマイ（にく）
¥290（税抜）

春巻（はるまき）
¥320（税抜）

天津麺（てんしんめん）
¥550（税抜）

牛骨ラーメン（ぎゅう・こつ）
¥500（税抜）

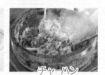
キムチ炒飯（チャーハン）
¥520（税抜）

杏仁豆腐（あんにん・どうふ）
¥220（税抜）

完熟マンゴープリン（かんじゅく）
¥213（税抜）

ごま団子（だんご）
¥330（税抜）

玉子スープ（たまご）
¥100（税抜）

¥999（税抜）で アルコール飲み放題セット（のみほうだい）にできます。

- ■ キリン一番搾り生ビール（いちばん・しぼ・なま）＜中ジョッキ＞（ちゅう）
- ■ ウーロンハイ
- ■ ハイボール
- ■ 紹興酒（しょうこう・しゅ）＜グラス＞
- ■ いいちこ＜グラス＞
- ■ グラスワイン＜赤or白＞（あか・しろ）
- ■ 生搾りレモンサワー（なま・しぼ）
- ■ 梅酒サワー（うめ・しゅ）
- ■ 梅酒（うめ・しゅ）＜グラス＞

※当店では車（二輪・四輪他）を運転される方、20歳未満の（とうてん・くるま・にりん・よんりんほか・うんてん・かた・さい・みまん）方への酒類の提供はできません。（かた・しゅるい・ていきょう）

※一部の店舗では取り扱っていない商品がございます。（いちぶ・てんぽ）
詳しくは各店舗にお問い合わせ下さい。（くわ・かくてんぽ・と・あ・くだ）

란치 런치 *히가와리 날마다바뀜

¥600 세금 미포함 (제에누키)

라이스 | 토 스-프바 | 즈케

1. 치킨 치킨노 | 칠리소스 치리소-스&슈-마이 샤오마이
2. 치킨난반&모치 쫄깃 | 스이교오자 물만두
3. 치킨 타츠타 단식초간장 아마즈쇼오유 | 흰살생선튀김 &시로미자카나후라이&키무치 김치
4. 돈까스 톤카츠&모치모치 쫄깃쫄깃 | 스이교오자 물만두 미니 &미니 | 하루마키 춘권
5. 돼지샤브샤브 톤샤부&카라아게 닭튀김 미니 &미니 | 하루마키 춘권

밥라이스 곱빼기 무료 오오모리 무료오

부추 간 볶음 니라 레바 이타메
¥540 (제에누키) 세금 미포함

마파두부 마-보-도오후
¥550 (제에누키) 세금 미포함

칠리새우 에비노치리소-스
¥680 (제에누키) 세금 미포함

게살달걀볶음 카니타마
¥480 (제에누키) 세금 미포함

탕수육 스부타
¥570 (제에누키) 세금 미포함

부추 고기 볶음 니라 니쿠 이타메
¥530 (제에누키) 세금 미포함

고기 계란 볶음 니쿠토 타마고노 이리츠케
¥550 (제에누키) 세금 미포함

팔보·채 합포오사이
¥520 (제에누키) 세금 미포함

볶음밥 챠-항
¥500 (제에누키) 세금 미포함

야키소바 소스야키소바 야키소바(소-스)
¥500 (제에누키) 세금 미포함

마늘 교자 닌니쿠 교오자
¥290 (제에누키) 세금 미포함

방방지- 반반지-
¥550 (제에누키) 세금 미포함

유린기 유-린치-
¥580 (제에누키) 세금 미포함

중화 밥 츄우카 항
¥550 (제에누키) 세금 미포함

고기 샤오마이 니쿠 슈-마이
¥290 (제에누키) 세금 미포함

춘권 하루마키
¥320 (제에누키) 세금 미포함

텐신면 텐신멘
¥550 (제에누키) 세금 미포함

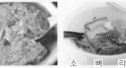
소 뼈 라면 규우 코츠 라-멘
¥500 (제에누키) 세금 미포함

김치 볶음밥 키무치 챠-항
¥520 (제에누키) 세금 미포함

행인두부 안닌도오후
¥220 (제에누키) 세금 미포함

완숙 망고 푸딩 칸쥬쿠 망고 푸링
¥213 (제에누키) 세금 미포함

참깨 경단 고마 당고
¥330 (제에누키) 세금 미포함

계란 국 타마고 스-프
¥100 (제에누키) 세금 미포함

¥999 세금미포함 (제에누키) 무한리필 노미호오다이 ~으로 데 셋토니 세트로 아루코-루 술 데키마스. (변경) 가능합니다

브랜드 ■ 키린이치반시보리
생맥주 나마비-루
중간 크기 맥주잔 <츄우쬭키>

■ 우-롱하이
하이볼 하이보-루

글라스(한잔) ■ 구라스 와인 와인 <아카or시로> 적 백

소홍주 글라스(한잔) ■ 소코슈 <구라스>

생과즙 나마시보리 레몬 사워 레몬 사와-

브랜드 ■ 이이치코 글라스(한잔) <구라스>

매실주 ■ 우메슈 사워 사와-

매실주 글라스(한잔) ■ 우메슈 <구라스>

본 점포에서는 차(이름·사룬·외)를 운전하는 분. 20세 미만의
※토오텐데와 쿠루마(니린·온린호오카)오 운텐사레루 카타, 니죳사이 미만노
카타에노분들은 슈루이노주루이 테에교오 오와 제공을 데키마센. 할수없습니다.
일부의 점포에서는 취급하고 있지 않은 상품이 있습니다.
※이치부노 텐포데와 토리아츠캇테이나이 쇼오힌가 고자이마스.
쿠와시쿠와자세한 것은 카쿠텐포니 각 점포에 오토이아와세쿠다사이. 문의해 주세요.

---

* 히가와리 : 늘 있는 정식 메뉴가 아닌 그 날의 추천 메뉴. 런치 타임에 자주 있다.
* 치킨난반 : 저온의 기름으로 끓여 만드는 닭튀김.
* 타츠타 : 일반 튀김과 달리 미림이나 간장으로 간을 하고 나서 튀긴 요리.
* 우롱하이 : 소주와 같은 증류주를 우롱차와 섞은 칵테일의 일종.

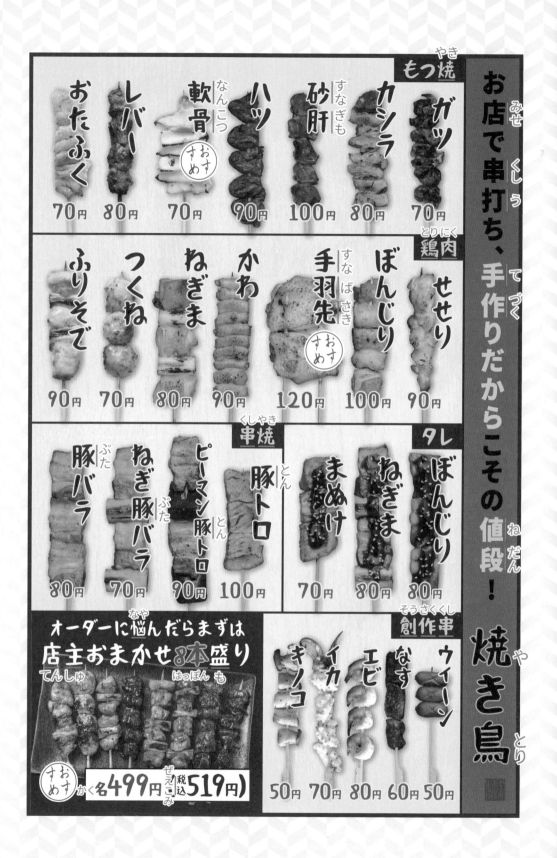

お店で串打ち、手作りだからこその値段！

焼き鳥

もつ焼

おたふく	レバー	軟骨（なんこつ）おすすめ	ハツ	砂肝（すなぎも）	カシラ	ガツ
70円	80円	70円	90円	100円	80円	70円

鶏肉（とりにく）

ふりそで	つくね	ねぎま	かわ	手羽先（すなばさき）おすすめ	ぼんじり	せせり
90円	70円	80円	90円	120円	100円	90円

串焼（くしやき）

豚バラ（ぶた）	ねぎ豚バラ（ぶた）	ピーマン豚トロ（とん）	豚トロ（とん）
80円	70円	90円	100円

タレ

まぬけ	ねぎま	ぼんじり
70円	80円	80円

オーダーに悩んだらまずは
店主（てんしゅ）おまかせ8本盛り（はっぽんも）

おすすめ **各（かく）499円**（税込（ぜえこみ）**519円**）

創作串（そうさくくし）

キノコ	イカ	エビ	なす	ウインナー
50円	70円	80円	60円	50円

158

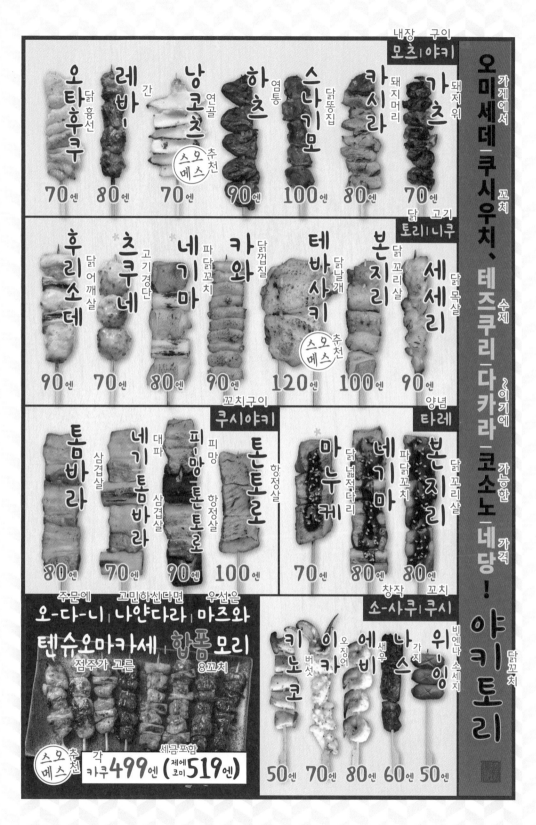

* 츠쿠네 : 닭고기나 생선살 등을 경단 모양이나 막대 모양으로 만든 식품.
* 네기마 : 닭 넓적다리 살과 대파를 꿰어 만든 꼬치 요리.
* 마누케 : '네기마'에서 '마'만 빼낸 것이라는 뜻으로, 네기마의 주 재료인 닭 넓적다리 살만을 꿰어 만든 꼬치 요리.

현금 위주로 준비하기

뜻밖에 카드 계산이 되지 않는 가게들이 많다. 그래서 신용카드는 비상용으로 사용하고, 현금을 넉넉히 들고 다니는 것이 좋다. 카드로 계산하고 싶으면, 먼저 카드를 받는지 물어봐야 한다.

동전 지갑 준비하기

일본은 동전 하나도 값어치가 꽤 큰 편이다. 동전으로 결제하기도 하고 잔돈을 대부분 동전으로 주기 때문에 동전 지갑을 준비해 가는 것이 좋다.

반찬은 추가금액 내기

식사에 기본적으로 반찬이 포함되어있는 우리나라와 다르게, 일본에서는 반찬을 추가해야 하며, 물론 추가금액이 발생한다.

밥공기는 왼손, 젓가락은 오른손 쓰기

일본에서는 밥그릇을 손에 들고 젓가락으로 마시는 것처럼 식사한다. 이때 주의할 점은 밥공기는 왼손에, 젓가락은 오른손에 두고 먹어야 한다는 점이다. 식사 시 함께 제공되어 나오는 국은 숟가락을 쓰지 않고 마시는 것이 일반적이다.

카페의 전기는 쓰지 않기

우리나라에서는 카페나 식당에서 휴대폰 충전을 하는 것이 흔한 경우인데, 일본에서는 그렇지 않다. 가게의 전기는 그 가게의 재산이라는 인식이 있기에 기본적으로는 사용 금지라고 보면 된다. 정말 급한 경우에는 점원에게 도움을 청할 수도 있겠지만, 기왕이면 보조배터리를 챙기는 편이 마음 편히 여행하기에 좋을 것이다.

돈은 바구니에 올려놓기

은행에서 사용하는 바구니가 가게 계산대에 놓여있는 것을 보았다면, 돈은 종업원의 손에 건네지 말고, 바구니 위에 올려두면 된다. 이는 받은 돈과 거스름돈을 정확하게 손님에게 보여주기 위함이라고 한다. 카드도 그냥 바구니에 두면 된다.

택시는 가능한 한 피하기

일본의 택시비가 비싸다는 건 이미 널리 알려진 사실이다. 최근 도쿄 지역의 택시 기본요금이 대폭 내려 410엔까지 떨어졌다. 그러나 거리에 따라 추가되는 금액은 올랐기 때문에, 중거리의 경우 사실상 요금이 더 오른 셈이다. 따라서 정말 급한 상황이 아니면, 택시를 이용하지 않는 편이 좋겠다.

길에서는 금연하기

일본이 흡연자의 천국이라고 불리긴 하지만 길거리 흡연은 엄연히 불법이다. 흡연은 꼭 지정된 장소에서만 해야 한다는 것을 잊지 말아야 한다.

돼지코 준비하기

일본에서는 110v에 11자 형 콘센트를 사용하기 때문에, 돼지코 어댑터를 준비하는 것이 좋다.

대중교통 이용 시 전화하지 않기

대부분의 일본 사람들은 타인에게 폐 끼치는 것을 좋아하지 않는다. 그 때문에 지하철이나 버스 안에서는 전화 통화도 하지 않을 뿐더러 일행끼리 대화도 작은 목소리로 하는 편이다.

좌측통행하기

우리나라와 달리 일본은 왼쪽으로 다닌다. 특히 에스컬레이터를 탈 때 우리나라는 오른쪽으로 줄을 서서 왼쪽을 비워 두지만, 일본의 경우 왼쪽으로 줄을 서서 오른쪽을 비워 둬야 한다.

온천은 맨몸으로 들어가기

일본의 입욕 공간에는 맨몸만이 허용된다. 몸을 가리는 용도로 사용할 작은 수건 정도는 반입할 수 있지만, 개인이 사용하던 수건을 탕 안에 담가서는 안 된다. 자칫 비위생적인 행위로 여겨질 수 있기 때문이다.

7

단어
쓰기 노트

다음은 '마실 것'에 관련된 단어들입니다. 각 단어에 알맞은 발음을 써보며 외워보세요.

물
미즈
みず

차
챠
ちゃ

주스
쥬-스
ジュース

우유
규우뉴우
ぎゅうにゅう

핫초코
홋토쵸코
ホットチョコ

콜라
코-라
コーラ

얼음
코오리
こおり

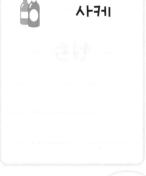

술
사케
さけ

레드 와인
아카와잉
あかわいん

화이트 와인
시로와잉
しろわいん

생맥주
나마비-루
なまびーる

병맥주
빔비-루
びんびーる

164

다음은 '먹을 것'에 관련된 단어들입니다. 각 단어에 알맞은 발음을 써보며 외워보세요.

미디엄 사이즈
미디아무사이즈
ミディアムサイズ

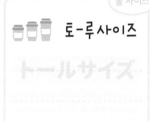
톨 사이즈
토-루사이즈
トールサイズ

더블 샷
다부루숏토
ダブルショット

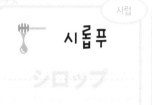
시럽
시롭푸
シロップ

휘핑크림
호입푸쿠리-무
ホイップクリーム

시나몬 파우더
시나몸파우다-
シナモンパウダー

패스트푸드
화-스토후-도
ファーストフード

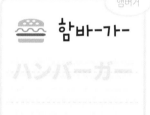
햄버거
함바-가-
ハンバーガー

감자튀김
후라이도포테토
フライドポテト

토스트
토-스토
トースト

샌드위치
산도잇치
サンドイッチ

피자
피자
ピザ

파스타
파스타
パスタ

수프
스-푸
スープ

샐러드
사라다
サラダ

스테이크
스테-키
ステーキ

국수
멩
めん

과일
쿠다모노
くだもの

사과
링고
リンゴ

바나나
바나나
バナナ

오렌지
오렌지
オレンジ

파인애플
파이납푸루
パイナップル

멜론
메롱
メロン

수박
스이카
スイカ

다음은 '과일'에 관련된 단어들입니다. 각 단어에 알맞은 발음을 써보며 외워보세요.

딸기	포도	복숭아
 이치고	 부도오	 모모
いちご	ぶどう	もも

망고	감	배
 망고	 카키	 나시
マンゴ	かき	ナシ

귤	매실	유자
 미캉	 우메	 유즈
ミカン	うめ	ゆず

자몽	키위	코코넛
 구레-푸후루-츠	 키우이	 코코나츠
グレープフルーツ	キウイ	ココナツ

리치
라이치
ライチー

두리안
도리앙
ドリアン

망고스틴
망고스칭
マンゴスチン

파파야
파파이아
パパイア

아보카도
아보카도
アボカド

체리
체리-
チェリー

레몬
레몽
レモン

포크
휘-쿠
フォーク

칼
나이후
ナイフ

숟가락
스푸-웅
スプーン

젓가락
하시
はし

컵
콥푸
コップ

다음은 '식기 · 양념'에 관련된 단어들입니다. 각 단어에 알맞은 발음을 써보며 외워보세요.

접시	병	소스
사라	빙	소-스
さら	びん	ソース

소금	설탕	후추
시오	사토오	코쇼오
しお	さとう	こしょう

마요네즈	간장	식초
마요네-즈	쇼오유	스
マヨネーズ	しょうゆ	す

머스타드 소스	칠리소스	고추기름
마스타-도소-스	치리소-스	라-유
マスタードソース	チリソース	ラーユ

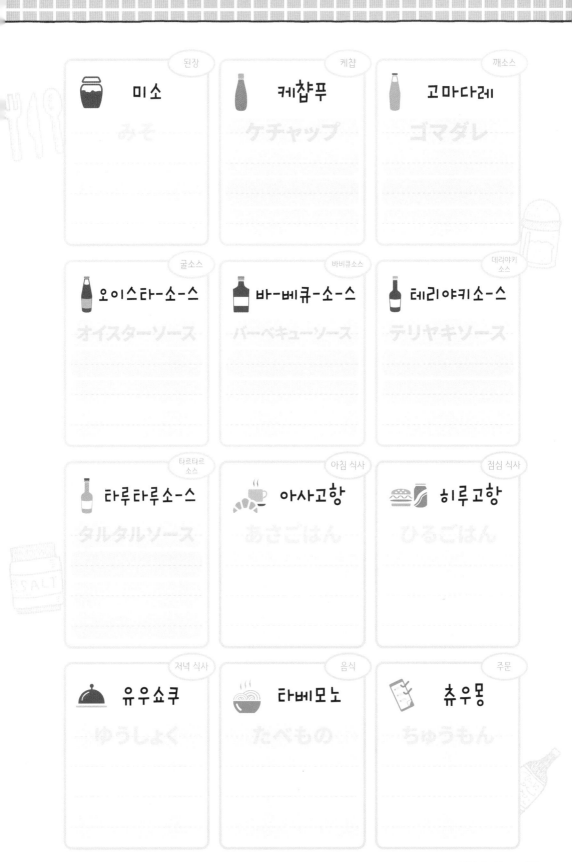

된장 미소 — みそ	케챱 케챱푸 — ケチャップ	깨소스 고마다레 — ゴマダレ
굴소스 오이스타-소-스 — オイスターソース	바비큐소스 바-베큐-소-스 — バーベキューソース	데리야키소스 테리야키소-스 — テリヤキソース
타르타르소스 타루타루소-스 — タルタルソース	아침 식사 아사고항 — あさごはん	점심 식사 히루고항 — ひるごはん
저녁 식사 유우쇼쿠 — ゆうしょく	음식 타베모노 — たべもの	주문 츄우몽 — ちゅうもん

다음은 '식사 · 식재료'에 관련된 단어들입니다. 각 단어에 알맞은 발음을 써보며 외워보세요.

냅킨	화장지	식사
나푸킹	팃슈페-파	쇼쿠지
ナプキン	ティッシュペーパー	 しょくじ

간식	배달	빵
 칸쇼쿠	 하이타츠	팡
かんしょく	はいたつ	パン

쌀	계란	고기
코메	타마고	니쿠
こめ	たまご	にく

돼지고기	닭고기	소고기
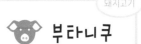 부타니쿠	토리니쿠	규우니쿠
ぶたにく	とりにく	ぎゅうにく

오리고기 카모니쿠 かもにく	양고기 요오니쿠 ようにく	생선 사카나 さかな
채소 야사이 やさい	감자 쟈가이모 ジャガイモ	고구마 사츠마이모 サツマイモ
당근 닌징 にんじん	토마토 토마토 トマト	양파 타마네기 たまねぎ
마늘 닌니쿠 ニンニク	버섯 키노코 キノコ	콩 마메 まめ

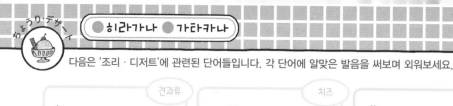

ちょうり・デザート ● 히라가나 ● 가타카나

다음은 '조리 · 디저트'에 관련된 단어들입니다. 각 단어에 알맞은 발음을 써보며 외워보세요.

견과류 낫츠 ナッツ

치즈 치-즈 チーズ

벌꿀 하치미츠 はちみつ

볶음 이타메 いため

튀김 아게 あげ

구이 야키 やき

데침 유데 ゆで

무침 아에 あえ

조림 니츠케 につけ

찜 니코미 にこみ

절임 츠케모노 つけもの

디저트 데자-토 デザート

과자
오카시
おかし

사탕
캰디
キャンディ

초콜릿
쵸코레-토
チョコレート

아이스크림
아이스쿠리-무
アイスクリーム

푸딩
푸딩구
プディング

와플
왓후루
ワッフル

마카롱
마카롱
マカロン

브라우니
부라우니-
ブラウニー

냄새
니오이
におい

악취
아쿠슈우
あくしゅう

향기
카오리
かおり

맛
아지
あじ

골목식당을 가기위한
기초일본어

1판 2쇄 2024년 1월 1일

저 자 Mr. Sun
펴 낸 곳 OLD STAIRS
출판 등록 2008년1월10일 제313-2010-284호
이 메 일 oldstairs@daum.net

가격은 뒷면 표지 참조
ISBN 979-11-7079-004-4